Fit und schön ab 40

Mirelle Dorit Herpel

Fit und schön ab 40

Innere Balance & Entspannung
Gesunde Ernährung
Fitness & Bodystyling

blv

So bleiben Sie dauerhaft
gut in Form!

Inhalt

Vorwort

Nie zuvor waren so viele Bücher über Gesundheit, Fitness, richtige Ernährung und Wellness auf dem Markt. Die Medien überschlagen sich mit der Berichterstattung über die neuesten Fitnesstrends und Schlankheitskuren. Die Abnehmwunderpille wurde vor ein paar Jahren ja auch schon gefunden! Aber warum ist dann immer noch über die Hälfte der deutschen Bevölkerung übergewichtig, Tendenz steigend?

Das ist unverständlich, zumal jeder weiß, dass ein erhöhtes Körpergewicht in Verbindung mit anderen Risikofaktoren wie Rauchen, hohem Alkoholkonsum und Inaktivität Gesundheitsrisiken enorm steigert. Und trotzdem endet bei vielen der Tag nach einem üppigen Frühstück, einem kalorienreichen Mittag- und Abendessen, ein paar Schokoriegeln zwischendurch, mit einer Tüte Chips und Bier oder Wein vor der Flimmerkiste. Kein Wunder, dass man dabei aus der Form kommt!

Ab 40 verändert sich vieles! Das haben Sie sicher schon oft gehört. In Wirklichkeit verändert sich unser Körper ein Leben lang. Ein relativ neuer Zweig der Medizin, die Anti-Aging-Medizin, versucht, Möglichkeiten zu entwickeln, wie wir dem natürlichen Alterungsprozess ein Schnippchen schlagen können.

Aber keiner will aktiv etwas dafür tun. Lieber legt man sich unter das Messer, lässt sich das Fett absaugen oder den Faltenkiller Botox spritzen.

Billiger und vor allem risikoärmer fahren Sie mit einem gesunden Lebensstil. Und der kostenlose Nebeneffekt: Sie fühlen sich rundum wohl!

Fangen Sie an, Verantwortung für sich, Ihren Körper und Ihre Gesundheit zu übernehmen. Dann werden Sie auch in der zweiten Lebenshälfte vital und attraktiv Ihr Leben bis ins hohe Alter genießen können. Statistisch gesehen liegen mindestens nochmal 40 Jahre vor Ihnen.

Letztendlich ist es auch egal, wie fit oder unfit Sie sind. Viel wichtiger ist, dass Sie den Entschluss gefasst haben, etwas für sich zu tun. Außerdem haben Sie vielfältige Möglichkeiten, das Älterwerden mit simplen Strategien zu verlangsamen: vollwertige Ernährung, regelmäßige Bewegung, gezielt entspannen, sich geistigen Anforderungen stellen, soziale Kontakte pflegen, Zufriedenheit und Freude am Leben haben.

Nehmen Sie sich endlich Zeit für sich, für Ihren Körper, Ihren Kopf und Ihr Herz – »Zeit für mich«.

Das Erste, was Sie tun sollten: Schreiben Sie mehrere Zettel mit »Zeit für mich« und positionieren Sie sie an bestimmten Stellen, z.B. am Badspiegel, am Kühlschrank, an der Eingangstür zum Haus oder zur Wohnung, um sich immer an Ihren Vorsatz zu erinnern.

Um in Form und fit zu sein oder es zu werden, ist es nicht nur nötig, ein paar Übungen zu machen oder sich mal vier Wochen nur von Obst und Gemüse zu ernähren. Fangen Sie an, gesunde Lebensweise als eine ganzheitliche Lebensphilosophie zu sehen und zu praktizieren. Dieses Buch hilft Ihnen direkt bei der Umsetzung. Es werden keine Methoden beschrieben, die Sie in mehrwöchigen Kursen erst mühsam erlernen müssen, sondern Sie erhalten einfache Tipps, die Sie sofort umsetzen können – zu Hause und auch im Büro. Ernährung, Bewegung, sich entspannen, sich pflegen und positiv denken gehören zusammen.

Wann haben Sie sich zuletzt richtig wohl gefühlt? Wann waren Sie zuletzt so richtig zufrieden? Wann haben Sie sich zuletzt um Ihren Körper gekümmert? Wann haben Sie sich zuletzt um Ihr ICH gekümmert?

Das Buch, das Sie hier vorliegen haben, ist für Sie – für Ihr Ich geschrieben. Für die Frau oder den Mann ab 40! Endlich mal (wieder) was für sich machen, dafür ist nun Zeit – Sie müssen sie sich nur nehmen!

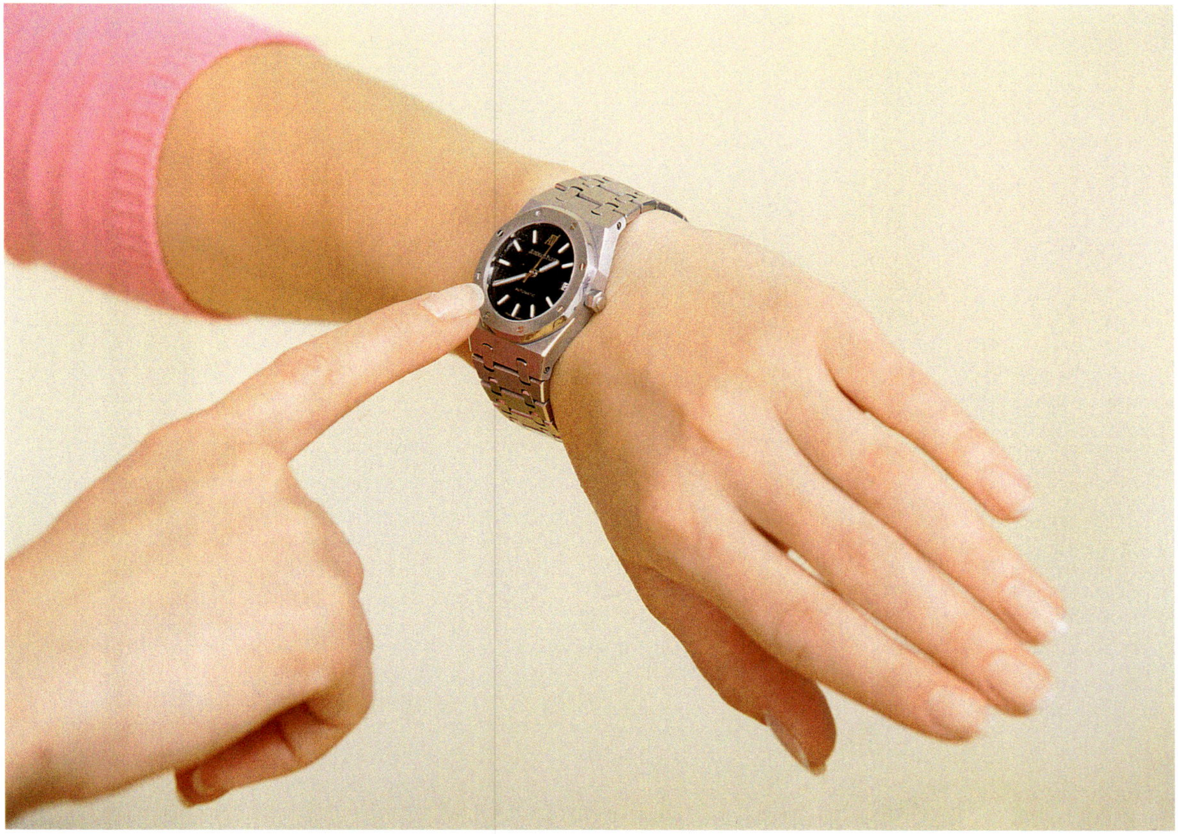

»Keine Zeit!« – das ist eine Ausrede, die für Sie jetzt nicht mehr zählen sollte. Sich Zeit für sich selbst nehmen ist wichtig – und mit ein bisschen gutem Willen auch durchführbar.

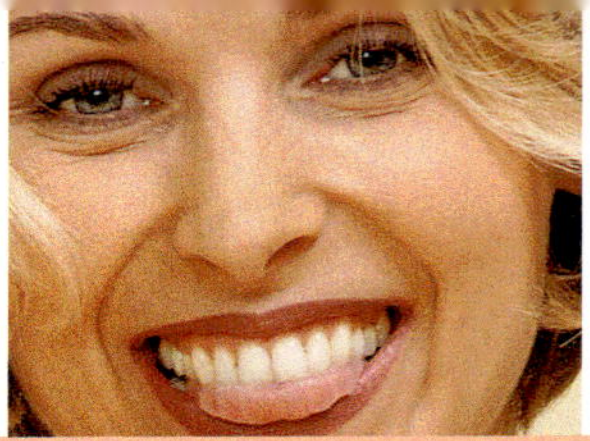

Gut drauf

Auch mit zunehmendem Alter
topfit sein und gut aussehen

Die gute Nachricht

Das Atern lässt sich bremsen

Älter wird jeder. Alt werden Sie dagegen nur, wenn Sie dem natürlichen Alterungsprozess nicht entgegensteuern. Dies ist bis zum 70. Lebensjahr möglich. Denn bis zu diesem Zeitpunkt können Sie durch gezielte Ernährung, systematisches Training und einen aktiven und entspannten Lebensstil die Alterungsprozesse aufhalten bzw. verlangsamen. Ein Ziel könnte sein, 20 oder 30 Jahre lang 40 zu bleiben!

Das Tückische am Altern ist das fast unmerklich langsame Nachlassen der Fähigkeiten. Man merkt meist erst beim Wetteifern mit anderen, also wenn man an Leistungsgrenzen kommt, wie sehr die Fähigkeiten schon eingeschränkt sind.

»Es gibt tausend Krankheiten, aber nur eine Gesundheit.«

Ludwig Börne

Sie haben es in der Hand!

Nur Sie selbst sind für sich, Ihren Körper und Ihre Gesundheit verantwortlich.
Sie bestimmen selbst, wann Sie was machen! Welche Waren Sie in Ihren Einkaufswagen legen. In welcher Form Sie körperlich aktiv sind. Wie oft Sie sich in der Woche sportlich bewegen. Wann Sie sich Ruhe und Entspannung gönnen. Das heißt, Sie sind nicht abhängig von anderen. Sie können alles erreichen, was Sie wollen. Sie müssen es nur tun!

Alles Wissen nutzt nichts, wenn Sie es nicht anwenden

Haben Sie bereits einige Diäten hinter sich und die Jo-Jo-Effekte haben ihre Spuren hinterlassen? Und Mitglied im Fitness-Studio waren Sie auch schon mal? All das hat nicht so recht funktioniert? Jetzt wird alles anders! Sie verändern sich, Ihr Körper verändert sich, die Einstellung zum Leben verändert sich.

Die gute Nachricht: Statistisch gesehen ist mit 40 gerade einmal die Hälfte Ihres Lebens um. Sie haben also noch viel Zeit, Ihre neue »gute Form« im Alltag zu genießen. Mit 60 mit Ihren Enkeln rumtoben, mit 70 noch problemlos Radtouren bestreiten und sich mit 80 noch allein versorgen. Tolle Aussichten, oder? Sie machen sich Sorgen, weil Sie Ihren Körper lange vernachlässigst haben? Dann habe ich noch eine gute Nachricht für Sie: Die körperliche Leistungsfähigkeit lässt sich am schnellsten und am besten bei Bewegungsanfängern steigern. Also, es lohnt sich, sofort zu beginnen etwas für sich zu tun. Sie selbst bestimmen, ob es diesmal funktioniert.

Nehmen Sie nichts als gegeben hin!

Ihr Körper verändert sich, wenn Sie alles so lassen wie bisher. Leider negativ gesehen. Der Kalorienbedarf sinkt

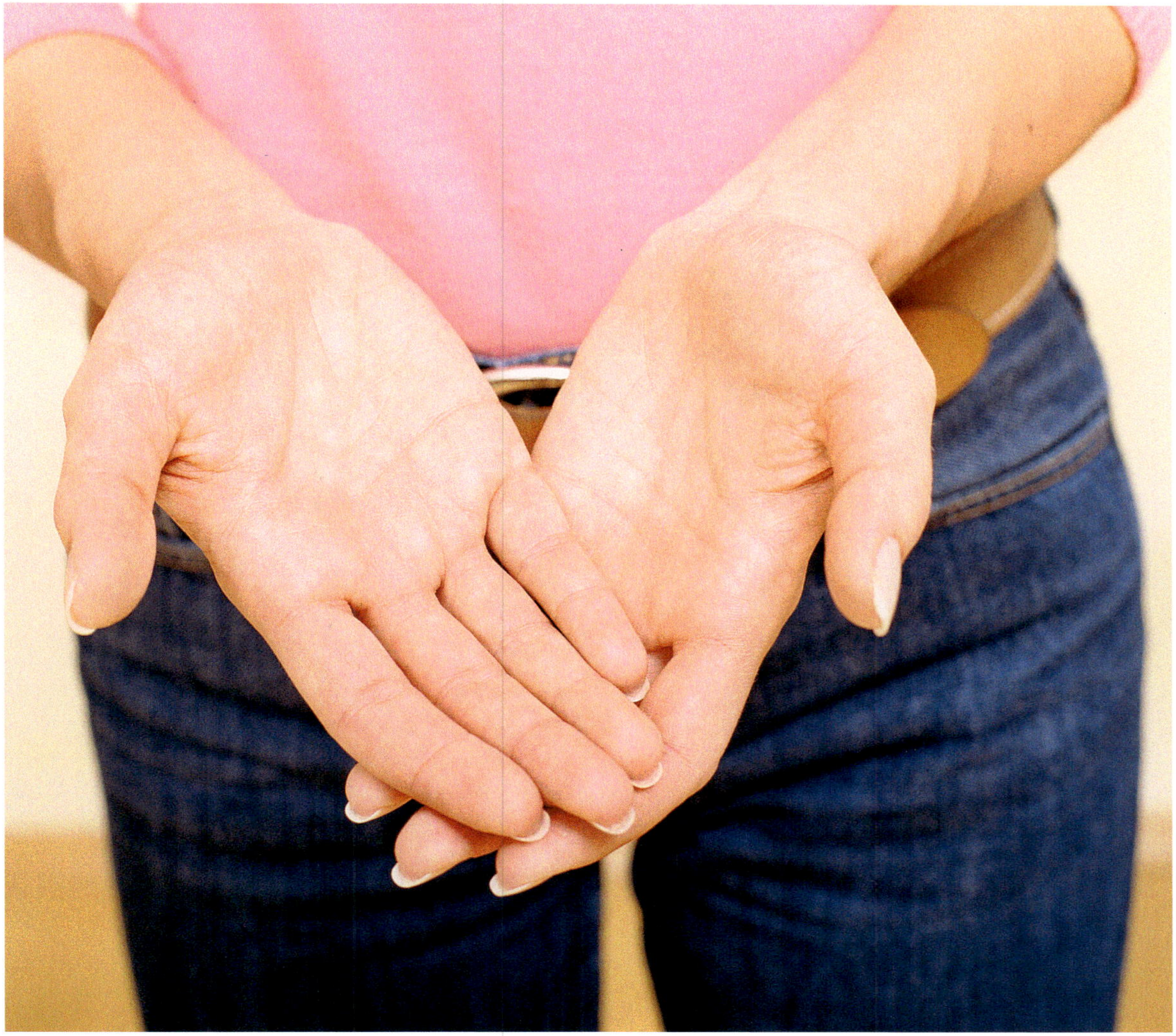

Es liegt ganz bei Ihnen: Nehmen Sie Ihr Wohlbefinden und Ihre Fitness in die eigenen Hände. Sie werden staunen, wie gut Sie sich dann fühlen!

langsam aber stetig, die Kalorienaufnahme steigt allerdings bei den meisten kontinuierlich. Süßer, salziger, fetter, erhöhter Kaffee- und/oder Alkoholkonsum, niedrige Flüssigkeitsaufnahme, geringere körperliche, geschweige denn sportliche Aktivität. All das führt dazu, dass die Waage erschreckend nach oben ausschlägt, die Muskeln weniger werden, die Fettringe immer größer werden und es an allen Ecken und Enden zwickt.

Dabei ist es so einfach. Wenn Sie sich um »die Gesundheit« Ihres Körpers bemühen, dann werden Sie sich viele Krankheiten vom Leib halten. Denn egal, welche Krankheit man anschaut, ob Fettleibigkeit, Rückenprobleme, Herz-Kreislauf-Problematik (z. B. Bluthochdruck oder Venenleiden) oder sogar Krebskrankheiten. Man kann immer die gleichen vorbeugenden Maßnahmen lesen: gesunde Ernährung, körperliche Aktivität und Entspannung.

Wo stehe ich?

Wie ist es um Ihren Köper bestellt?

In diesem Buch werden Sie keine Fragebögen zur Überprüfung Ihrer Gewohnheiten finden. Auch keine Normtabellen! Warum? Es sollte Ihnen nicht darum gehen, sich mit anderen zu vergleichen. Viel wichtiger ist es, den eigenen Fortschritt zu dokumentieren. Was schaffe ich im Moment (vielleicht zwei Liegestützen) und was schaffe ich nach Durchführung meines individuellen »Gut in Form«-Planes nach 12 Wochen (vielleicht zehn Liegestützen)? Oder um wie viel Prozent ist mein Körperfettanteil in sechs Monaten gesunken?

Alles ist veränderbar!

Ein gutes Beispiel für diese Realität ist der BMI, Body-Mass-Index. Mit der Formel »Körpergewicht in Kilogramm geteilt durch Körpergröße in Meter zum Quadrat« lässt sich zwar das Verhältnis von Gewicht zur Größe ausdrücken und in einer Tabelle können Sie dann sehen, ob Sie normalgewichtig, leicht oder mäßig übergewichtig sind oder bereits in die Kategorie der Adipösen (Fettleibigen) fallen. Das Körpergewicht ist jedoch nicht das Entscheidende. Deutlich wird dies, wenn man versucht, gut trainierte Menschen nach dem BMI einzustufen. Brad Pitt wäre nach dieser Rechnung übergewichtig! Ein viel besseres Maß ist der Körperfettgehalt. Den sollten Sie beim Arzt Ihres Vertrauens messen lassen.

Ganz grob gesagt besteht der Körper aus Wasser, Muskeln und Fett. Je höher der Muskelmasseanteil, desto schwerer ist man, denn Muskeln sind schwerer als Fett. Eigentlich ist es doch egal, ob Ihre Augen die 68 oder die 65 kg auf der Waage sehen. Viel entscheidender ist doch, was Ihr Gegenüber sieht: straffe Oberarme, glatte Oberschenkel und ein flacher Bauch – oder 68 kg?
Wer also nur auf eine Körpergewichtszahl fixiert ist, der kann zwar mit niedrigem Gewicht prahlen, eine Bikinifigur hat man aber nicht automatisch.

Reise durchs Ich

Machen Sie zunächst eine Bestandsaufnahme. Mit einer Reise durch Ihren Körper können Sie Ihre gesamte Aufmerksamkeit auf die einzelnen Körperbereiche legen:

- Spüren Sie jeden Zentimeter Ihres Körpers.
- Vielleicht erinnern Sie sich dabei an Dinge, die dieser Körperstelle widerfahren sind.

Zum Beispiel

Wie geht es meinen Zehen im Moment? Die Blase, die ich mir vor zwei Tagen mit den neuen Schuhen gelaufen habe, schmerzt ganz schön. Oh, der Bänderriss am Fuß war ganz schön schmerzhaft. Mein Bauch hebt und senkt sich und mein Magen knurrt ganz schön! Der Rückenschmerz von letzter Woche ist zum Glück verschwunden! Und so weiter.

Legen Sie sich dafür auf den Rücken. Schließen Sie die Augen. Die Handflächen zeigen zur Decke, die Füße fallen locker nach außen. Atmen Sie durch die Nase ein und aus, 20 Atemzüge lang. Wandern Sie dann von unten nach oben durch Ihren Körper, bis Sie beim Kopf angelangt sind. Recken Sie sich am Schluss, öffnen Sie die Augen und bleiben Sie noch kurz liegen, bevor Sie langsam über die rechte Seite aufstehen.

Notieren Sie sich nun die Stellen, an denen Sie lange verharrten oder die Ihnen besonders negativ aufgefallen sind. Sinnvoll ist es, sich vorher einen Zettel mit allen Körperstellen vorzubereiten. Wiederholen Sie diese Reise durch den Körper nach drei Monaten.

Und was sagt der Arzt?

Ich empfehle Ihnen einen umfangreichen sportärztlichen Check-up vor Aufnahme Ihrer sportlichen Aktivitäten. Diese Tests überprüfen, ob Ihr Organismus den geplanten körperlichen Belastungen gewachsen ist.

Was wird dort untersucht?

- Anamnese (Bestandsaufnahme, Krankengeschichte)
- Messung des Körperfettanteils
- Blutdruckmessung
- großes Blutbild (rote und weiße Blutkörperchen, Eisengehalt, Aminosäuren, Mineralien, Spurenelemente, Blutfettwerte [Triglyceride, Cholesterin – LDL- und HDL-Anteil], Blutzuckerwerte, Harnsäure, Hormonwerte, antioxidative Kapazität [OT-Analyse])
- Urintest
- Schilddrüsenfunktionstest
- Lungenfunktionstest
- Muskelfunktionstests

sowie ein

- Belastungs-EKG, eventuell mit Leistungsdiagnostik

Auch wenn Sie einige Tests aus der eigenen Tasche zahlen müssen: Es lohnt sich! Sehen Sie es als Vorsorgemaßnahme, die Sie alle zwei Jahre wiederholen sollten. Denken Sie auch an weitere Vorsorgeuntersuchungen wie Brust- und Darmkrebsscreening, vor allem wenn Sie erblich vorbelastet sind.

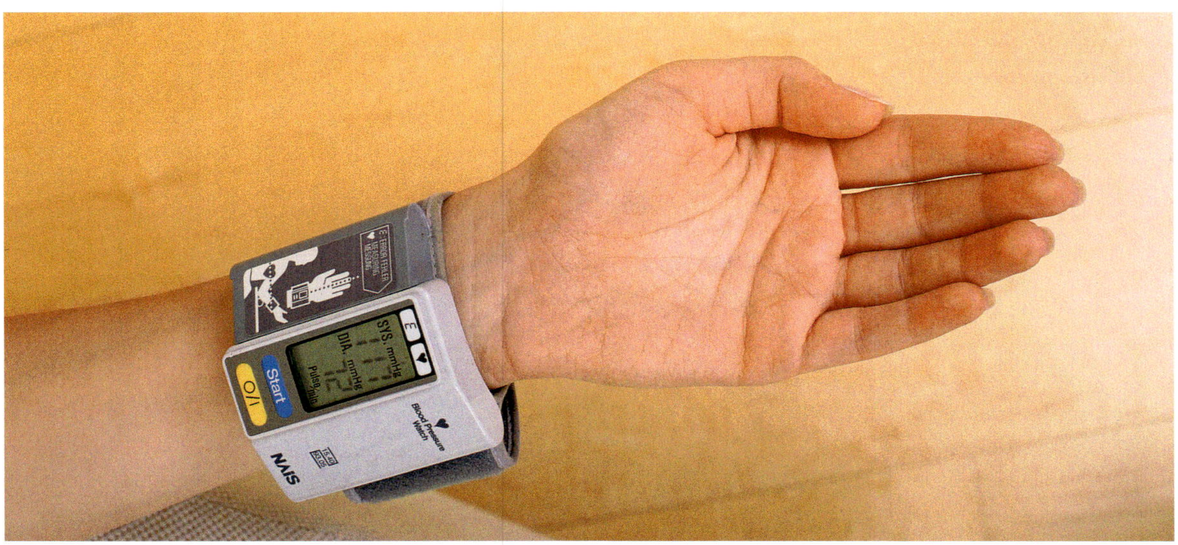

Die Blutdruckmessung ist ein wichtiger Bestandteil der sportmedizinischen Untersuchung – vor allem, wenn Sie sich in der zweiten Lebenshälfte befinden.

Meine Strategien

So erreichen Sie Ihr Ziel

Das wichtigste am ersten Schritt ist nicht die Weite, sondern die Richtung.

Wie fange ich an?

Haben Sie sich schon einige Zettel mit »Zeit für mich« geschrieben? Noch nicht? Dann sollten Sie das spätestens jetzt als Erinnerungsstütze tun.
Ein Sprichwort sagt: »Auch eine lange Reise beginnt mit dem ersten Schritt.« Doch was hindert viele daran, den ersten Schritt zu gehen? Haben Sie vielleicht keine Zeit? Sie haben für alles Zeit, warum nicht auch für Ihre »gute Form«. Oder werden Ihre Träume vom Schlanksein durch andere schlecht gemacht? Zunächst müssen Sie herausfinden, was Sie daran hindert, in Form zu kommen.

Freiräume schaffen

Berufen Sie eine Familienrunde ein! Wenn es dieses Ritual in Ihrer Familie noch nicht gibt, dann führen Sie es ein, es kann auch für andere Bereiche nützlich sein. Sprechen Sie mit Ihrem Partner und eventuell den Kindern über Ihr Vorhaben, »gut in Form« zu kommen. Fragen Sie nach Unterstützung und planen Sie gemeinsam, wie es funktionieren kann.

Wissen richtig umsetzen

Erfahrungsgemäß wissen viele Personen und vor allem die, die sich mit ihrem Körper intensiver beschäftigen, viel über gesunde Lebensweise. Aber warum will es einfach nicht gelingen, die gewünschten Kilos abzuspecken oder die hängenden Oberarme zu straffen?
Wissen ist also das eine, die Umsetzung das andere. Was muss passieren, damit der Körper das umsetzt, was der Geist will?

Wenn Sie wirklich wollen, können Sie alles erreichen!

Das Erste, was Sie tun sollten, ist aus Ihren Wünschen und Vorstellungen konkrete Ziele zu formulieren. Seien Sie dabei so konkret wie möglich. Die Aussage »Ich möchte fitter werden« hilft kein Stück weiter. Ihr konkretes Ziel besteht aus:

1. Inhalt: Ich möchte abnehmen.
2. Umfang: 10 kg Körperfett sollen dahinschmelzen.
3. Zeit: innerhalb von einem Jahr.

Ihr realistisches Ziel:
Ich werde 10 kg Körperfett innerhalb eines Jahres reduzieren.

Sie sollten das langfristige Ziel dann in mehrere kurzfristige Ziele untergliedern. Und schreiben Sie Ihr Ziel auch auf und positionieren Sie es so, dass Sie es regelmäßig vor Augen haben (z. B. auf einem Klebezettel in Ihrem

Terminkalender oder in Ihrer Brieftasche). Belohnen Sie sich, wenn Sie Ihr Ziel erreicht haben.

Schreiben Sie sich eine To-do-Liste für die einzelnen Bereiche: Ernährung, Bewegung, Entspannung, Leben. Alles, was Sie in den einzelnen Kapiteln an für Sie plausiblen Umsetzungstipps finden, notieren Sie für sich in Ihrer Liste.

Weitere Strategien

- **Suchen Sie sich Verbündete!**
  Ohne Unterstützung geht es meist nicht und in der Gruppe oder mit Trainingspartner macht es sowieso mehr Spaß.
- **Einkaufslisten vorbereiten!**
  Erstellen Sie sich am PC eine Einkaufsliste. Dinge, die bei keinem Einkauf vergessen werden sollten, wie verschiedene Obst- und Gemüsesorten sowie Wasser, stehen schon auf der Liste. Weitere Produkte fügen Sie einfach handschriftlich ein.
- **Gut-in-Form-Wecker!**
  Der Wecker wird Ihnen einige Male im Buch begegnen. Erinnern Sie sich selbst an Ihr Vorhaben oder bestimmte Aktivitäten durch das Klingeln eines Weckers.
- **Flexi & Relaxi**
  Ähnliches Prinzip wie beim Wecker oder dem »Zeit für mich«-Zettel: Gesichter oder Figuren sollen Sie an etwas erinnern. Verwenden Sie für unterschiedliche Aktivitäten unterschiedliche Bilder, die an unterschiedlichen Orten platziert werden.
- **Planung ist alles!**
  Nehmen Sie Ihre Trainingszeit genauso wichtig wie einen Geschäftstermin oder den fest vereinbarten Friseurbesuch. Tragen Sie Ihre Trainingseinheiten mit Uhrzeit in Ihren Terminkalender ein!
- **Rituale!**
  Genauso, wie Sie Ihrem Kind früher abends zum Einschlafen immer eine Geschichte vorgelesen haben, genauso müssen Sie Ihre Aktivitäten ritualisieren. Z.B. ist der Mittwochabend immer für Sie reserviert. Oder beenden Sie jeden Tag mit 15 Minuten Entspannung, sei es mit einem Fußbad, einer Gesichtsmaske oder einer Eigenmassage (vielleicht verwöhnt Sie ja auch Ihr Partner). Erst wenn diese Rituale in Fleisch und Blut übergegangen sind, werden Sie bei der Stange bleiben.

Wenn Sie diese Strategien und die Informationen in den folgenden Kapiteln beherzigen, dann haben Sie nicht nur den ersten Schritt getan, sondern Sie gehen auch in die richtige Richtung.

Halten Sie sich an die vorgestellten Strategien, dann erreichen Sie Ihr Ziel auf jeden Fall.

Gut essen und trinken

Die Ernährung optimal gestalten
und den Körper damit in Bestform bringen

Muskat
Zimmt

Die ganze Wahrheit

Warum man zunimmt

Man kann weder
gut denken,
noch gut lieben,
noch gut schlafen,
wenn man nicht
gut gegessen hat.

Virginia Woolf

Im nebenstehenden Zitat steckt der wohl wichtigste Hinweis, sowohl für Menschen, die Körpergewicht reduzieren, als auch für solche, die ihr Gewicht halten wollen: Wir müssen »gut« essen und trinken, damit der Stoffwechsel überhaupt in Gang kommt und wir uns wohl fühlen. Nun müssen wir nur noch »gut« definieren.

Man muss sich nicht kasteien, um schlank zu werden oder zu bleiben. Auch muss man nicht auf alles verzichten. Generell gilt für einen gesunden Lebensstil: alles in Maßen. Dazu gehört auch einmal ein Stück Sahnetorte, aber eben nicht jeden Tag. Das Stück Torte steht übrigens synonym für das Glas Cola, die Tasse Kaffee, die Flasche Bier, die Tüte Chips, das Stück Schweinebraten …

Ein Mythos ist auch: »Je weniger ich esse, desto schneller nehme ich an Körpergewicht ab.« Natürlich muss Ihnen klar sein: Wer abnehmen möchte, muss weniger Kalorien zu sich nehmen, als er braucht. So funktioniert jede Diät. Ehrlicherweise muss man sagen, dass man sogar schneller abnimmt, wenn man sich nur einer Ernährungsumstellung unterzieht, als wenn man eine Diät in Kombination mit sportlicher Aktivität durchführt. Die Wahrheit ist aber, dass Ihr Körper durch jede herkömmliche Diät langfristig gesehen »fetter« wird und aus der Form kommt. Wieso?

Sie reduzieren während einer Diät Körpergewicht. Das sehen Sie auf Ihrer normalen Waage. Der Gewichtsverlust kommt zustande, weil Ihr Körper Wasservorräte (vorwiegend aus dem Bindegewebe; verstärkt eine bereits bestehende Cellulite) reduziert, Eiweißreserven in Form von Muskeln abbaut, die Kohlenhydratspeicher schröpft und natürlich auch ein paar gespeicherte Fettreserven mobilisiert.

Sie verlieren aber dabei wertvolle Stoffe wie Wasser und Muskelmasse. Dadurch reduziert sich leider Ihre Stoffwechselrate. Alle Stoffwechselprozesse funktionieren nur reibungslos bei ausgeglichenem Wasserhaushalt. Und Ihre Fettverbrennungsöfen, die so genannten Mitochondrien in den Muskeln, die Sie während der Diät abgebaut haben, sind auch nicht mehr in ausreichender Menge vorhanden. Ihr Stoffwechsel stellt sich auf Sparflamme um. Je weniger Sie essen, desto weniger Energie versucht der Körper zu »verschwenden«.

Wenn Sie mit der Diät aufhören und sich genau wie vorher oder ähnlich ernähren, haben Sie die Pfunde schnell wieder auf den Hüften sitzen. Und viel schlimmer noch: Ihr Körper baut Energiereserven über das Ausgangsgewicht hinaus auf, denn es könnten ja wieder schlechte

Zeiten, sprich eine weitere Diät kommen. Das ist der bekannte Jo-Jo-Effekt. Bei der Gewichtszunahme setzen Sie zu allem Überfluss ausschließlich Fett an, denn Muskeln können ja nicht von ganz alleine entstehen. D.h., Ihr Körperfettanteil hat sich prozentual gesehen erhöht, weil Sie vergleichsweise mehr Fett aufgebaut als zuvor reduziert haben.
Liegen schon mehrere Diäten und Jo-Jos hinter Ihnen? Dann wissen Sie jetzt, was passiert ist! Ihr Stoffwechsel ist niedrig. Der Körper hortet die Fette und arbeitet auf Sparflamme, wo es nur geht.

Aber schlimmer geht es immer: Zwischen dem 40. und 50. Lebensjahr beobachten viele einen scheinbar ganz natürlichen Anstieg des Körpergewichts, ohne dass sie merklich etwas an ihrem Lebensstil geändert haben. Sie nehmen automatisch immer weiter zu. Der Grund: Hormonumstellung und Störungen des Hormongleichgewichts bewirken eine Senkung des täglichen Kalorienbedarfs. Und leider isst man im Alter unbewusst auch gerne süßer und salziger, was durch den langsam nachlassenden Geschmackssinn hervorgerufen wird. Man hat weniger Durst und trinkt demzufolge weniger. Außerdem wird man im Alltag träger und bewegt sich weniger. Einige Dinge fallen einem nicht mehr so leicht und man macht sie sich eben einfacher.

Auf den folgenden Seiten erfahren Sie, was es heißt, gut zu essen und trotzdem sein Gewicht zu halten oder sogar zu reduzieren.

Damit Ihr Gewicht nicht langsam, aber stetig in die Höhe geht, sollten Sie sich rechtzeitig darum kümmern.

Gesunde Ernährung, aber wie?

Die richtige Nahrungsmittelauswahl

Es ist so einfach, die richtige Auswahl an Nahrungsmitteln zu treffen. Denn Sie allein haben es in der Hand – im wahrsten Sinne des Wortes: Sie entscheiden, was in Ihrem Einkaufswagen landet.

Waren bisher alle Nahrungsmittelpyramiden, der Ernährungskreis oder die Nährwerttabellen wenig geeignet, um die Informationen benutzerfreundlich für die eigene Ernährung umzusetzen, ist es mit der neuen dreidimensionalen DGE-Nahrungspyramide gelungen, ein umfassendes und aussagekräftiges Modell zu bauen.

Die Ernährungspyramide zeigt Ihnen – von unten nach oben –, welche Nahrungsmittel häufig und welche seltener auf Ihrem Speiseplan stehen sollten.

Wenn Sie sich im Sockelbereich der Pyramide bewegen, dann brauchen Sie Ihre Nahrung nicht abwiegen und auch in keine Kalorientabelle schauen.
Lernen Sie, sich wieder natürlich zu ernähren und auf Ihren Bauch zu hören. Dann werden Sie sich gesund halten, Krankheiten vorbeugen, mehr Energie haben und sich einfach wohl fühlen. Nutzen Sie die Vielfalt an Nahrungsmitteln und variieren Sie sie.

Was heißt natürlich?

Unsere Vorfahren waren Jäger und Sammler. Sie ernährten sich vorwiegend aus tierischen Quellen, also von Fetten und Eiweißen, und die Kohlenhydratzufuhr wurde aus Früchten, Gemüse und Wurzeln gedeckt. Diese Ernährung war antioxidativ wirkend und Basen bildend. Experten schätzen, dass diese Ernährung aus 40 % Kohlenhydraten, 30 % Eiweiß und 30 % Fett bestand. Unsere Gene haben sich seit der Steinzeit nicht verändert, weshalb Experten zu dieser genetisch »richtigen« Nährstoffaufteilung raten.
Allerdings laufen wir nicht mehr mehrere Kilometer pro Tag durch den Wald, um unser Überleben zu sichern. Die Voraussetzungen sind zwar gleich geblieben (Gene), die Anforderungen haben sich aber extrem verändert. Deshalb wäre es Unsinn, unseren Körper mit einem

30%igen Eiweißanteil in der Nahrung, vorwiegend aus tierischen Quellen, wie es in der Steinzeit der Fall war, zu versorgen. Denn auch das macht krank, weil unser Körper diese Mengen aufgrund der veränderten Lebensbedingungen gar nicht benötigt. Gicht und Nierenleiden sind u.a. die Folge. Allerdings benötigt unser Körper auch keine 60%ige Versorgung mit stärke- und zuckerhaltigen Kohlenhydraten. Diese Mengen sollten Sie sich nur zuführen, wenn Sie sich mästen wollen, wie das bei Gänsen und Schweinen gemacht wird.
Aber vergessen Sie die Prozentzahlen. Um sie einzuhalten, müssten Sie genau abwiegen und Kalorien zählen. Das Problem sind die Mengen, die wir zu uns nehmen: nämlich zu viel von den falschen Produkten.

Was braucht Ihr Körper und wo finden Sie es?

- Flüssigkeit: Greifen Sie zur Wasserflasche!
- Antioxidativ wirkende Vitamine und Mineralstoffe: Greifen Sie bei Obst und Gemüse zu.
- Essenzielle Fettsäuren: Greifen Sie zu fettreichem Seefisch und Ölen mit einfach ungesättigten Fettsäuren!
- Mehr hochwertiges Eiweiß: Greifen Sie zu fettarmen Milchprodukten, Sojaerzeugnissen oder hochwertigem Eiweißpulver!
- Mehr Pflanzenöstrogene zum Vorbeugen oder Mindern von Wechseljahrsbeschwerden: Greifen Sie zu Sojaprodukten!

Kohlenhydrate sind in Form von Fruchtzucker, Zweifach- und Mehrfachzucker im Obst und Gemüse enthalten. Industriell hergestellter Zucker und die Produkte, die damit hergestellt werden, sind jedoch nicht (lebens-)notwendig und schon gar nicht natürlich. Sie belasten den Körper und machen ihn bei hohem Konsum krank.
Kohlenhydrate liefern uns zwar schnell verfügbare Energie. Allerdings kann der Körper nur ca. 400 g bzw. 1200 bis 2000 Kilokalorien in Form von Glykogen in der Leber oder den Muskeln speichern. Der Rest des Zuckers, der in unserem Blut herumschwimmt und nicht zur Energiegewinnung gebraucht wird, landet leider in Form von Fett in den Fettdepots.
In Restaurants standen Nudeln, Pommes und andere Energiebomben einst als Beilagen auf der Karte. In den letzten 20 Jahren wurden die Nudelberge auf den Tellern aber immer größer und sind »als gute Energielieferanten« zur Hauptmahlzeit schlechthin avanciert. Viel Energie, die wir als Sitzgesellschaft nicht brauchen!

Reichlich frisches Obst und Gemüse sollte täglicher Bestandteil Ihrer Ernährung sein. Dann wird Ihr Körper gut mit allen wichtigen Biostoffen versorgt.

Frischer Zitronensaft peppt langweiliges Wasser auf.

Trinken

Es ist sicher nichts Neues für Sie: Trinken Sie täglich mindestens 1,5 Liter Flüssigkeit, besser 3 Liter. Pro Kilogramm Körpergewicht benötigen Sie ca. 30 ml. An Tagen mit sportlicher Aktivität brauchen Sie mindestens 1 Liter mehr. Am besten sind Wasser, Früchte- und Kräutertees. Aus den Nahrungsmitteln, die Sie aufnehmen, zieht der Körper übrigens auch Wasser.

Warum Wasser?

Ohne Wasser kein Leben, im wahrsten Sinne des Wortes. Unser Körper besteht zu 60 % aus Wasser. All unsere Stoffwechselprozesse, also das Funktionieren Ihres Organismus, hängt von der Flüssigkeit ab, die Sie ihm zuführen. Wenn Sie zu wenig trinken, kann also Ihr Stoffwechsel nicht richtig funktionieren. Wasser hält zudem Ihre Zellen, auch Ihre Hautzellen, elastisch und jung. Im schlimmsten Fall können durch andauernden Flüssigkeitsmangel Krankheiten entstehen. Überprüfen Sie Ihren Urin: Je gelber, desto schlechter ist die Wasserversorgung.

Tee gut, alles gut!

2 Tassen sollten es mindestens sein. Das Koffein (Tein) im Tee liegt an Gerbsäure gebunden vor, wodurch die Wirkung verzögert ist. Generell ist der Koffeingehalt (30–60 mg/Tasse) niedriger als beim Kaffee. Tee trinken schützt aufgrund der antioxidativen Pflanzenstoffe nachweislich vor Herzerkrankungen. Grüner Tee wird in der chinesischen Kräuterheilkunde bei zahlreichen Beschwerden empfohlen. Aufregung im Büro? Dann sollten Sie statt zum anregenden Kaffee zu Tee aus Minze oder Schwarzen Johannisbeeren greifen. Zur Beruhigung!

Kaffeegenuss?

Kaffee wird mittlerweile nicht mehr ganz so verteufelt. Es kommt aber auf die Sorte und die Art der Zubereitung an. Bedenken Sie aber: Das Koffein (80–120 mg/Tasse) wühlt auf. Erhöhter Konsum koffeinhaltiger Getränke kann zu Herzrhythmusstörungen, erhöhtem Blutdruck und zu hohen LDL-Cholesterinwerten führen und ist häufig der Grund für Reizbarkeit und Schlaflosigkeit. Sie sollten Kaffee in Maßen genießen. Gegen 1 Tasse zum Frühstück und 1 Espresso nach dem Essen ist nichts einzuwenden. Bei Ödemen kann 1 Tasse Kaffee am Morgen die über Nacht gebildete Wasseransammlung ausleiten.

Sie können auf Ihre Cola nicht verzichten?

Dann versuchen Sie wenigstens, den Konsum schrittweise auf ein Minimum zu reduzieren, vor allem wenn Sie bisher Ihren Flüssigkeitsbedarf ausschließlich über Limonaden gedeckt haben. Diese Getränke bestehen aus Zucker pur und Ihre »light«-Varianten mit Zuckerersatzstoffen (Süßstoff) machen Sie durstig und hungrig auf mehr Süßes. Colagetränke sind zwar reich an Phosphor, der für starke Knochen wichtig ist, bei übermäßigem Konsum aber zum Kalziumräuber wird.

Alkohol – in Maßen!

Nicht nur wegen der sinkenden Selbstkontrolle bei steigendem Konsum durch die sinnesbetäubende Wirkung. Alkohol ist ein wahrer Appetitanreger und hat selbst viele Kalorien und hohe GI-Werte (siehe S. 25).

Vitalstoffe

Vitamine, Mineralstoffe und Spurenelemente, die Vitalstoffe, benötigen wir zwar nur in sehr kleinen Mengen, sie sind aber lebensnotwendig. Sie beeinflussen die Enzymproduktion und -aktivität und somit alle Stoffwechselprozesse. Dem alternden Mensch mangelt es häufig an den Vitaminen A, C, D, B_1, B_2, B_6 und Folsäure sowie den

Mineralstoffen Kalzium, Magnesium, Natrium, Kalium, Phosphor. Vor allem der gesamte Vitamin B-Komplex und Vitamin C können helfen, die Konzentrations-, Denk-, Merk- und Lernfähigkeit zu erhalten.
Viele körperliche Beschwerden kommen durch unzureichende Vitalstoffzufuhr zustande. Schlimmer noch: Der Konsum von Genussmitteln raubt dem Körper auch noch die spärlichen Mengen. Bei mehr als 20 Zigaretten pro Tag zum Beispiel verdoppelt sich der Vitamin-C-Bedarf. Nehmen Sie Medikamente zur Senkung eines zu hohen Cholesterinspiegels, gegen Depressionen oder Antibiotika? Auch darunter gibt es Vitalstoffräuber.

Essen Sie Obst und Gemüse, 5 Portionen (1 Portion ≙ 1 Hand voll) am Tag, dann beugen Sie vielen Krankheiten vor und sehen von innen heraus gut aus: Haut, Haare, Nägel, Bindegewebe. Vorausgesetzt, die Produkte werden relativ frisch verzehrt und nicht tagelang im Kühlschrank aufbewahrt. Eine gute Alternative sind Tiefkühlprodukte und ggf. ein gutes Vitamin-Komplex-Präparat.
Die fettlöslichen Vitamine A, D, E, K benötigen die Beigabe von Fetten, um optimal absorbiert werden zu können. Essen Sie also Ihre Möhre zum leicht gebutterten Vollkornbrot oder verwenden Sie Olivenöl zum Salat.
Bedenken Sie, dass die wasserlöslichen Vitamine B_1, B_2, B_6, B_{12}, C und Biotin beim Kochen verloren gehen. Die Kochzeiten sollten daher möglichst kurz sein. Am schonendsten sind Dämpfen und Rührbraten (z. B. im Wok).
An der Luft werden die Vitamine B_6, C, E und Folat zerstört. Achten Sie auf luftdichte, kühle und kurze Lagerung.
Besonders Frauen sind durch die monatliche Regelblutung häufig von Eisenmangel betroffen. Ernähren Sie sich zudem vegetarisch? Dann sollten Sie ggf. auf ein Eisenpräparat zurückgreifen.

Vitamine und Mineralstoffe entfalten Ihre Wirksamkeit, wenn sie resorbiert und ins Blut aufgenommen werden.

So unterstützen Sie die Aufnahme

- Eisen pflanzlicher Herkunft mit Vitamin C einnehmen, am besten 30 Minuten vor dem Essen. Verfeinern Sie Ihren Salat mit Nüssen oder Samen und frischen Erdbeeren. Bereiten Sie Ihre Salatsoße mit frisch gepresstem Zitronensaft zu. Trinken Sie wegen der Verstopfungsgefahr ausreichend über den Tag verteilt.
- Vitamin D und Kalzium zusammen in einer Mahlzeit zu sich nehmen. Backen Sie Lachs mit einer Soße auf Milchbasis mit Sesamsamen. Zum Überbacken verwenden Sie Edamer Käse. Reich an Vitamin D sind fettreiche Seefische (Hering, Makrele, Lachs), kalziumreich sind gedämpfter Tofu, grüne Bohnen, getrocknete Feigen.
- Vitamin A, C und E unterstützen die Resorption des Mineralstoffs Selen (Risikosenkung Herz-/Krebserkrankungen). Essen Sie Sonnenblumenkerne (viel Vitamin E und Selen). Träufeln Sie frischen Zitronensaft (Vitamin C) auf die gegrillte Scholle (selenreich).

Das hemmt die Vitalstoffe

- Ein zu hoher Kaliumgehalt kann die Aufnahme von Magnesium hemmen.
- Tannin im Tee bindet Eisen und entzieht es dem Körper.
- Kaffee raubt dem Körper Vitamin B_1.
- Colagetränke senken den Kalziumspiegel.

Die Einnahme von Nahrungsergänzungsmitteln macht nur dann Sinn, wenn Sie sich aansonsten normal ausgewogen ernähren. Der Körper kann die Mikronährstoffe sonst schlecht verwerten.

TIPP

Coenzym Q 10

Für Zellatmung, Energietransport und geistiges Wohlbefinden wichtig. Ab 40 sinkt der Serumspiegel. Der antioxidativ wirkende Stoff sollte von außen zugeführt werden.

Achten Sie beim Kochen auf den glykämischen Index der Lebensmittel – Ihrer Figur zuliebe.

Natürliche Kohlenhydrate

Lassen Sie sich nicht durch die Werbung verwirren. »Low fat, high carb« (wenig Fett, viele Kohlenhydrate) wurde im letzten Jahrzehnt gepredigt und die Industrie reagierte prompt. Joghurt ist gesund! Joghurt mit 0,1 % Fett – super, dann kann ich ja zwei oder drei davon essen. Joghurtgummibärchen »ohne Fett« – da schmeckt's doch gleich viel besser. Wussten Sie, dass Joghurteis das Eis mit dem höchsten Kaloriengehalt ist? Warum? Weil es den höchsten Zuckergehalt hat, um den sauren Joghurtgeschmack zu neutralisieren. Aber ohne Fett, versteht sich!
In den USA wird bereits seit 20 Jahren gegen Fett gepredigt. Die Amerikaner sind aber fetter denn je. Grund: große Portionen und somit viel mehr Kohlenhydrate, also Kalorien, als der Körper benötigt. Und der verwandelt die nicht verbrauchten Kohlenhydrate in Fett.
Seit einiger Zeit wird »Low carb« propagiert und die fett- und eiweißreichen Diäten sind wieder der Trend! Die Industrie reagiert mit verschiedensten Low-carb-Produkten, sogar Brot. Und was machen wir? Essen, essen, essen. Sind ja wenig Kohlenhydrate drin. Meist sind diese Produkte aber nicht kalorienreduziert und durch die industrielle Verarbeitung bleibt der »glykämische Index GI« (siehe unten), meist hoch!
Ähnlich ist es mit den »Light«-Produkten. Sie sind zwar kalorienreduziert, durch die Verwendung von chemischen Zuckerersatzstoffen (Süßstoff) zeigen die Produkte aber durchwegs mittlere bis hohe GI. Entscheidend ist, inwieweit ein Lebensmittel Ihren Blutzucker und dadurch die Insulinausschüttung aus der Bauchspeicheldrüse beeinflusst. Je höher der GI eines Lebensmittels, desto mehr Insulin wird produziert. Das Hormon ist dafür verantwortlich, dass Fette schlechter aus den Zellen mobilisiert werden können (gebremste Fettverbrennung) und rascher in die Zellen eingelagert werden. Ein hoher Insulingehalt im Blut lässt auch Heißhunger entstehen.
Solange auf Ihrem Speiseplan fast ausschließlich industriell verarbeitete Kohlenhydrate wie Pommes, Kartoffelpüree aus der Tüte, Reis (poliert), Toastbrot usw. zu finden sind, wird Ihr Körperfettanteil stetig steigen.
Übrigens: Fleisch und Fisch haben generell einen GI unter 15, da sie nicht aus Kohlenhydraten bestehen. Trotzdem sollte nicht nur Schweinebraten auf Ihrem Teller liegen, denn da sind dann wieder die schlechten Fette drin.

Ernähren Sie sich logisch!

Aber egal, was Sie in den letzten Monaten gehört haben. Kohlenhydrate sind gute Energielieferanten und bleiben auf dem Speiseplan, solange sie naturbelassen sind. Ich empfehle Ihnen generell – egal, ob Sie abnehmen oder Ihr Gewicht halten wollen –, die kohlenhydratreichen Nahrungsmittel nach dem GI auszuwählen.

So gehen Sie mit der Liste um

Zum Abnehmen sollten Sie vermehrt Nahrungsmittel mit einem niedrigen GI bzw. kleine Portionen aus dem mittleren GI-Bereich auswählen und mit einer großen Portion aus dem niedrigen GI-Bereich kombinieren. Nahrung mit hohem GI sollten Sie ganz meiden.
Wollen Sie Ihr Gewicht halten? Dann kombinieren Sie Produkte aus dem niedrigen und mittleren GI-Bereich. Lebensmittel mit hohem GI sollten nur ab und an auf dem Speiseplan stehen.
Schauen Sie sich die Liste genau an. Natürliche Kohlenhydrate in Form von Obst und Gemüse sowie Vollkornprodukte finden Sie im grünen Bereich, von dem Sie ohne Bedenken und vor allem so viel Sie wollen, essen können. Die einzigen Ausnahmen sind Kartoffeln und gekochte Karotten, die leider eine hohe Insulinausschüttung hervorrufen. Bei diesen Produkten sollten Sie eine Ausnahme machen. Sie sollten einmal pro Woche auf dem Teller liegen.

Niedriger GI (< 51)	Mittlerer GI (51–70)	Hoher GI (> 70)
Vollkornbrot, Pumpernickel, Roggenbrot (Sauerteig), Gerste	Haferkekse, Misch-, Weizenbrot, Grieß, Müsliriegel, Haferflakes	Burgerbrot, Bagel, Baguette, Quiches, Waffeln, Krapfen, Brezeln
frischer Fruchtsaft ohne Zucker, Gemüsesaft, Sojamilch, Tee, Kaffee	Fruchtnektar, Fruchtsäfte, isotonische Drinks	Bier, Cola, Limonade, Malzgetränke, Soft-, Longdrinks
Wildreis, Parboiled Reis, (Vollkorn-) Nudeln al dente, Vollkornmüsli	Basmati-, brauner Reis, Pellkartoffeln, Couscous, zu weiche Nudeln	Kartoffeln, Kartoffelbrei, -salat, weißer Reis, Chips, Pommes frites
Aubergine, Blumenkohl, Brokkoli, rohe Möhren, Spinat, Tomaten	Mais, Süßkartoffel, Erbsen, neue Kartoffeln	gekochte Möhren, Kürbis
Apfel, Birne, Avocado, Grapefruit, Kirsche, Orange, Traube, Zitrone	Ananas, Rosinen, Banane, Honigmelone, Aprikose, Kiwi, Mango	Wassermelone, getrocknete Datteln
Agavensirup, dunkle Schokolade, Fruchtaufstrich (ohne Zucker)	Milchschokolade, -reis, Eiscreme, Sandgebäck, Marmelade, Honig	Maischips, Kekse, Schokolade, Gummibärchen, Donuts
Cashewkerne, Erdnüsse, Kidneybohnen, weiße Bohnen	–	gekochte Bohnen
Joghurt und Käse (wenig Fett), Kefir, Milch, Buttermilch, Quark	Kondensmilch	Sonstiges: Fastfood, Malz-, Traubenzucker, weißer Zucker

Die Tabelle zeigt die wichtigsten Nahrungsmittel und ihre Zuordnung zu den drei Bereichen des glykämischen Index.

Karotten sind reich an Vitamin A, es kann aber nur von Fetten (Triglyceride) im Körper transportiert werden. Greifen Sie dafür zu gutem Olivenöl.

Bananen: Als schneller Energielieferant und Quelle von Kalium für Sportler super. Aber in der Abnehmphase sollten Sie auf den Verzehr verzichten.

Ballaststoffreich!

Naturbelassenen Kohlenhydratlieferanten enthalten zudem Ballaststoffe (unverdauliche Bestandteile), die besonders wertvoll sind. Sie verweilen länger im Magen, verzögern die Entleerung und erhöhen das Sättigungsgefühl. Sie beeinflussen die Darmflora und -tätigkeit positiv. Und sie können schädliche Stoffe im Darm binden und ausscheiden. So beugen Sie Darmkrebs, Diabetes mellitus und Übergewicht vor.

Meiden Sie Zucker!

Zu hoher Zuckerkonsum in Form von Limonade, Schokolade und Gummibärchen macht nicht nur dick und ist für Karies verantwortlich. Er schadet der Regenerationsfähigkeit der Zellen, wodurch Alterungsprozesse beschleunigt werden. Denn die Insulinausschüttung hemmt die Ausbreitung des Wachstumshormons Somatotropin, das u.a. in den frühen Nachtstunden für die Erneuerung von Fasern des Stütz- und Bindegewebes zuständig ist.

Zuckerersatz, nein danke!

Süßstoff ist keine gesündere Alternative. Insulin wird auch durch Süßstoff ausgeschüttet, aber es kommt keine Energie (Süßstoff = 0 Kalorien). Der Insulinlevel bleibt hoch, der Blutzucker sackt ab, der Heißhunger kommt – und die zugeführten Kalorien wandern auf die Hüften. Kein Wunder, wenn dabei die Konzentration leidet.

INFO

***Kartoffeln** sind energie- und fettarm, leicht verdaulich und reich an Vitalstoffen. Sie sollten immer mit Schale gegart werden. Sie verlieren dabei weniger Biostoffe und haben weniger Kalorien.*

Die guten Fette

Wer mag schon trockenes Brot?

Daraus ergibt sich die Frage: Was lege oder schmiere ich mir auf das Brot?

Brot gehört in die Kategorie der Kohlenhydrate. Wurde uns noch bis vor drei Jahren gesagt: »Esst Brot, Kartoffeln, Nudeln, Reis etc., mindestens 55–60 %«, so ist die Botschaft des neuen Atkins-Hype (Atkins ist der Name eines Ernährungswissenschaftlers, der eine besonders fettreiche Ernährungsform propagierte): Fett ist gut, die Kohlenhydrate sind die Bösen!

Lassen Sie sich von GLYX, Atkins, South Beach oder wie die heutigen Trenddiäten alle heißen nicht verwirren. Auch hier gilt, wenn Sie sich einseitig oder nur über einen bestimmten Zeitraum danach ernähren, dann wird der Erfolg auch nur so lange anhalten. Verfallen Sie in Ihre alten Gewohnheiten, werden die Pfunde schnell wieder auf den Hüften sein.

Kaltgepresste Pflanzenöle versorgen Sie mit gesunden Fettsäuren.

Und auch bei den Fetten gibt es zwei Wahrheiten! Da haben wir zum einen die **gesättigten Fette**, die – wie der Name schon sagt – satt und somit reaktionsträge sind. Wenn sie nicht zur Energiegewinnung herangezogen werden, landen sie schnell im Unterhautfettgewebe. Sie kommen überwiegend in tierischen Fettquellen vor, wie Wurstwaren, rotem Fleisch, Butter, Sahne und Käse. Je weniger Sie davon essen, desto besser! Sie schaffen das, indem Sie fettreiche Nahrungsmittel durch fettarme Varianten ersetzen. Aber nicht, dass Sie nun wieder doppelt so viel von den »fettarmen« Alternativen auf das Brot legen. Die Mengen bleiben gleich!

In Bezug auf Streichfett gibt es keine richtige Alternative. Butter besteht zwar aus tierischem Fett, ist aber immer noch besser als viele industriell hergestellten Margarinen (enthalten »schlechte« Transfettsäuren), wenn sie dünn auf das Brot geschmiert wird.

fettreich	fettarm
Croissant	Schwarz- oder Vollkornbrot
Nussnugatcreme	Marmelade, kalorienreduziert
Käse, 40 % Fett i. Tr.	fettarmer Käse, < 20 % Fett
Schinken	Lachsschinken/Pute in Aspik
Salami	Putenbrust
Schweinebraten	Putenrolle
Schweineschnitzel	Kalbsfilet
Pommes frites	Kartoffeln, gekocht
Vollmilch	1,5 %ige oder Magermilch
Sahnejoghurt	Naturjoghurt, fettarm
Sahnetorte	Hefekuchen
Schlagsahne	saure Sahne
Margarine oder Butter	fettarmer Brotaufstrich

Der Körper braucht auch Fett – nämlich die essenziellen (lebensnotwenigen) Fettsäuren. Unsere Zellwände bestehen aus Fetten, die fettlöslichen Vitamine (A, D, E, K) brauchen Fette um die volle Funktion zu entfalten usw. Bei den guten Fetten unterscheidet man die einfach ungesättigten und die mehrfach ungesättigten Fette. Diese Fette sind hungrig darauf, mit anderen Stoffen neue Verbindungen einzugehen.

Verwenden Sie Öle aus Olive, Mandel, Haselnuss, Avocado, Sonnenblume, Raps oder Erdnuss, dann versorgen Sie sich mit einfach ungesättigten Fetten. Essen Sie ruhigen Gewissens davon! D. h., kochen Sie Ihre Vollkornnudeln in Olivenöl oder braten Sie mit Rapsöl. Salate generell mit Öl und Essig anmachen, statt eine Fertigsalatsoße zu verwenden! Wenn Sie jetzt noch frische Kräuter dazugeben, dann können Sie auch Ihrem Geschmackssinn mal wieder etwas bieten!

Die mehrfach ungesättigten Fette werden nochmal unterteilt in **Omega-6-Fettsäuren** (in Distel-,

Maiskeim-, Sonnenblumenöl) und **Omega-3-Fettsäuren** (in Seefisch, Lein-, Erdnuss-, Hanföl). Greifen Sie zu den Omega-3-Fettsäuren! Essen Sie also öfter Seefisch und verwenden Sie mehr Leinöl (Linolsäure) und weniger Sonnenblumenöl.

Fische, Fleisch und Öle

Seefisch ist sehr wichtig, denn er enthält Omega-3-Fettsäuren und ist ein guter Jodlieferant mit niedrigen Purin- und Harnsäurewerten (wichtig bei Gicht): Seelachs, Kabeljau, Schellfisch, Scholle, Seezunge sind zu empfehlen. Fettarme Fleischsorten sind Pute, Hühnchen, Rinder- und Schweinelende, magere Schnitzel. Von den Exoten sind besonders fettarm: Känguru, Krokodil, Strauß, Guanako.

Fettverbrennung und Fettabbau

Bei der Fettverbrennung geht es um die Verstoffwechselung von freien Fettsäuren. Nahrungsfette, die sich im Blut befinden, werden direkt zur Energiegewinnung herangezogen. Erst wenn die schnell verfügbaren Energiereserven in Form von Fettsäuren und Glukose im Blut bzw. den Glykogenvorräten zur Neige gehen, werden Fette aus den Depots an Bauch, Hüfte etc. mobilisiert. Der Fettabbau kann beginnen! Diesem Prozess sind körpereigene Hormone zuträglich bzw. sie hemmen den Abbau. Mit Ernährung und Trainingsverhalten können Sie die Fettverbrennung und die Abbauprozesse positiv beeinflussen.

Der »Fettmacher« heißt Insulin. Durch zu hohen Zuckerkonsum angelockt, ist dieses Hormon für eine verminderte Fettverbrennung und die vermehrte Einlagerung von Fetten verantwortlich.
Machen Sie sich keinen Stress! Denn das bewirkt die Ausschüttung des Stresshormons Cortisol, das ebenfalls fett macht. Es reduziert die Eiweiße, wodurch die Muskelmasse angegriffen wird. Der Körperfettgehalt steigt und damit langfristig auch das Gewicht. Ein richtiger Fatburner ist dagegen das Human Growth Hormon (HGH), das Alterungsprozesse verlangsamt und für eine verbesserte Fettverbrennung sorgt. Stimulieren Sie das Hormon, indem Sie viel schlafen, sich gut entspannen und am Abend leicht essen. Probieren Sie es auch mit »dinner cancelling«: gar keine Nahrungsaufnahme nach 18 Uhr.

Wenn Sie Fett verbrennen möchten, versorgen Sie sich ausreichend mit folgenden Mineralien:

Eisen: Zur aeroben Fettverbrennung wird Sauerstoff benötigt. Sauerstoff, der zuerst im Blut an Hämoglobin, genauer an das Eisen angedockt wird und im Muskel an den roten Muskelfarbstoff Myoglobin. Also: Ohne Eisen kein Sauerstofftransport in die Zelle, ohne Sauerstoff keine Fettverbrennung!

Phosphor: Ohne den Brennstoff Adenosin-Triphosphat geht die Fettverbrennung nicht. Durch die Abspaltung eines Phosphatrests wird Energie frei. Zu wenig Phosphat (nicht das aus Cola und gepökeltem Fleisch) heißt weniger Energie. Essen Sie Hartkäse, Schalentiere, Nüsse und Keimlinge. Angeblich besonders gut: Fleischbrühe! Vitamin D verbessert die Resorption.

Magnesium: der Enzymaktivator des Energiestoffwechsels schlechthin. Nehmen Sie zu wenig auf, wird die Nahrung aufgrund weniger Mitochondrien (= Energieverbrennungsöfen) schlecht verwertet. Essen Sie Sonnenblumen- und Kürbiskerne, Nussmischungen, Vollkleie und Roggenknäckebrot. Für die Resorption sind eiweißreiche Nahrungsmittel, wie Fisch, Huhn, Eier, Soja, notwendig.

Konjugierte **Linolsäure**, eine Fettsäure, unterstützt den Fetttransport aus den Depotzellen in das Muskelgewebe. Essen Sie dunkles Fleisch und Vollmilchprodukte, dann sinken Cholesterin- und Blutfettwerte.

INFO

Transfettsäuren

Sie entstehen bei der Verarbeitung von ungesättigten Fettsäuren in den Fabriken, in denen Margarine und alle möglichen Fertigprodukte (Pizza, Pommes, Kekse) hergestellt werden. Sie erhöhen den Cholesterinspiegel, begünstigen Herz-Kreislauf-Erkrankungen und können das Erbgut schädigen.

Mehr fettfreies Eiweiß

Generell muss vor einer Mehraufnahme von Eiweiß gewarnt werden. Allerdings betrifft das den tierischen Anteil, also das in Kombination mit Fett zugeführte Eiweiß aus Ei, Wurstwaren und fettreichem Fleisch.

Befinden Sie sich in einer Körperfettreduktionsphase? Dann ist Eiweiß jedoch sinnvoll, wenn man bedenkt, dass alle Enzyme, so genannte Biokatalysatoren, die an jedem Stoffwechselprozess beteiligt sind, aus Eiweiß bestehen, das der Körper selbst herstellen muss – und dazu benötigt er die entsprechenden Rohstoffe.
Auch nach sportlichen Aktivitäten ist zu empfehlen, sich eiweißreich zu ernähren. Der Körper passt sich zwischen zwei Trainingseinheiten an. Somit wird die Muskelstruktur nach dem Training verändert. Wenn dem Körper in dieser Phase nicht ausreichend Material zur Verfügung steht, dann ist der Baustoffwechsel eingeschränkt. Und Muskeln bestehen aus Eiweiß!
Auch um zu vermeiden, das der Körper die kostbare und Energie verbrennende Muskelmasse reduziert, indem er körpereigenes Eiweiß zur Energiegewinnung heranzieht, ist eine Überprüfung der Eiweißversorgung sinnvoll.
Es gilt, hochwertiges Eiweiß zu sich zu nehmen. Das finden Sie in Sojabohnen, Hülsenfrüchten, magerem Fleisch, Fisch, Geflügel und fettarmen Milchprodukten, die Sie gleichzeitig mit wertvollem Kalzium versorgen (Osteoporosevorbeugung).

Greifen Sie zu Tofu & Co.

Verzehren Sie regelmäßig Sojaprodukte, wie Sojabohnen, Sojamilch, Sojajoghurt, Sojasprossen oder Tofu. Mittlerweile gibt es diese Produkte auch schon mit Kalzium angereichert. Sie sind die einzige pflanzliche Nahrungsquelle, die einen hohen Eiweißgehalt aufweist und denen man eine Brustkrebs hemmende Wirkung nachsagt.
Phytoöstrogene wie Isoflavone, z. B. in Sojabohnen, -milch, Tofu, Kichererbsen, Kirschen, Leinsamen, verhalten sich im Körper ähnlich wie menschliche Östrogene. Sie können somit die für die Wechseljahre typischen Hitzewallungen mindern und den Cholesterinspiegel senken.

Shake it!

Zur Not tut es auch ein guter Eiweißdrink, am besten mit Magermilch oder Wasser angerührt.

Power food

Nahrung für Körper und Seele

Je mehr Nahrungsmittel Sie aus der so genannten Power Food-Gruppe zu sich nehmen, desto energiegeladener fühlen Sie sich. Sie schützen oder aktivieren Ihren Körper und Ihr Gehirn und lassen Sie einfach gut aussehen. Eine Auswahl:

Kleieflocken

Statt auf industriell hergestelltes Müsli oder Flakes sollten Sie auf naturbelassene Flocken zurückgreifen. Sie haben einen geringeren Zucker- und Kaloriengehalt und versorgen Ihren Körper mit besonders viel Eisen (20 mg pro 100 g). Eisen ist verantwortlich für den Sauerstofftransport im Blut. Sauerstoff ist in den Zellen wichtig für die aerobe Verstoffwechselung von Fetten (siehe S. 27). Es wirkt gegen Erschöpfung, stärkt Ihre Konzentration und lindert Regelbeschwerden.

Sanddorn

Zitrusfrüchte und Erdbeeren sind gut, Sanddorn ist besser, weil reicher an Vitamin C. Sanddorn begünstigt die Eisenaufnahme aus Getreide, Hülsenfrüchten, Nüssen und Ölsaaten. Erhältlich als Sanddornsaft und Vollfrucht, weniger bekannt sind das Kern- und Fruchtfleischöl.

Äpfel
In England gibt es das Sprichwort: »An apple a day keeps the doctor away.« Essen Sie jeden Tag neben anderen Obst- und Gemüsesorten einen Apfel. Die Ballaststoffe halten den Cholesterinspiegel niedrig. Der hohe Anteil an Kalium normalisiert den Blutdruck. Das enthaltene Sorbitol beugt Verstopfungen vor.

Heidelbeeren oder Heidelbeerextrakt
Beides ist reich an sekundären Pflanzenstoffen, die die Blutgefäßwände und somit die Arterien- und Venenfunktion stärken. Sie verbessern die Gedächtnisleistung und halten das Sehvermögen aufrecht. Empfohlene Tagesdosis des Extrakst: 200 mg.

Sonnenblumenkerne
Enthalten Vitamin E, Zink, sind reich an Omega-6-Fettsäuren und Proteinen. Sie stärken das Immunsystem. Gut gegen trockene, raue oder schuppige Haut.

Kichererbsen
Aufgrund ihres Reichtums an östrogenähnlichen Isoflavonen wirken Sie gegen klimakterielle Beschwerden. Weiterhin enthalten sind Kalzium, Eisen und Proteine.

Kalbsleber
Besonders reich am Mineralstoff Kupfer, der an vielen Stoffwechselprozessen beteiligt ist. Er soll das Ossteoporoserisiko senken. Arthritisschmerzen lindern und bei ausreichender Versorgung die Cholesterinwerte auf normalem Niveau halten und das Infektionsrisiko senken.

Truthahn
Das Fleisch ist fettarm und eiweißreich. Es liefert die Aminosäure Tryptophan, die im Gehirn eine Erhöhung des Serotoninspiegels (»Glückshormon«) bewirkt.

Sardinen
Sind gute Proteinlieferanten und versorgen den Körper mit essenziellen Omega-3-Fettsäuren zur Vorbeugung von Herz-Kreislauf-Erkrankungen und entzündlichen Prozessen. Ausnahmsweise dürfen Sie mal eine Dose öffnen. Dosensardinen liefern zudem viel Kalzium.

Meeresfrüchte
Stärken das Immunsystem und regulieren Wachstum und Stoffwechsel. Enthalten Zink, Selen und sind proteinreich.

Cayennepfeffer
Gilt in der Kräuterheilkunde als besonders kreislaufanregend. TIPP: Verfeinern Sie Ihren fettarmen Dip für die Gemüserohkost mit Cayennepfeffer.

Knoblauch
Die Knolle wirkt wie ein natürliches Antibiotikum gegen bakterielle Entzündungen, stärkt die Abwehrkräfte und senkt das Risiko von Herz-Kreislauf-Erkrankungen, aufgrund der blutverdünnenden Wirkung und der Senkung des Cholesterinspiegels.

Heidelbeeren und andere Beeren machen ein einfaches Joghurt zu einer wertvollen Mahlzeit.

So funktioniert's !

Wohlfühlen durch Ernährungsumstellung

Ihnen muss bewusst sein, dass Sie nur Erfolg haben werden, wenn Sie Ihre Ernährungsgewohnheiten umstellen. Das darf ein langsamer Prozess sein, der nichts mit Totalverzicht zu tun hat. Je radikaler Sie sind und sich womöglich alle Sünden (alkoholische Getränke, Süßigkeiten, feine Backwaren, fettreiche Fleischsorten), die Sie bis jetzt begangen haben, verbieten, desto leichter fallen Sie in Ihre alten Gewohnheiten zurück.

Mit der **Kamelpfadstrategie** schaffen Sie die Veränderung! Sie basiert auf dem Bewusstwerden von alten Strukturen und Bejahen der neuen Wege. Dann setzen Sie sich ein Ziel, z.B. für die nächsten vier Wochen, und legen drei Etappen auf dem Weg dorthin fest. Innerhalb dieser Zeit sollten Sie die Umstellung geschafft haben. Das Ziel muss so konkret wie möglich formuliert werden und vor allem realistisch sein. Zielformulierungen wie »Ich versuche, mich in den nächsten vier Wochen gesünder zu ernähren« sind genauso nutzlos wie der Versuch, zehn Kilogramm in vier Wochen zu reduzieren. Nicht alles auf einmal wollen, sondern in kleinen Schritten zum Erfolg, das ist das Ziel.
Legen Sie sich für jede Woche ein Etappenziel fest, dann werden Sie sich garantiert nach vier Wochen gesund ernähren.

»Wie komme ich auf das Kamel?«

Bevor Sie »losreiten«, nehmen Sie bitte Zettel und Stift zur Hand und beantworten Sie erst einmal die folgenden Fragen:

1. Was meinen Sie, was an Ihrem Ernährungsverhalten nicht passt? Haben Sie gesundheitliche Probleme?
2. Warum sollten oder müssen Sie an Ihren alten Ernährungsgewohnheiten etwas ändern? Hat Ihr Arzt Ihnen eine Umstellung aus gesundheitlichen Gründen empfohlen?
3. Sind Sie bereit für neue Wege in Ihrem Ernährungsverhalten und neue Einkaufsgewohnheiten?
4. Können Sie sich drei Möglichkeiten vorstellen, wie Sie die Veränderungen am besten meistern? Notieren Sie Ihre drei Wege!
5. Gibt es Einwände Ihrerseits, die neuen Wege auszuprobieren?
6. Nehmen Sie die Verantwortung für sich und Ihre Gesundheit auf sich?

Mit diesen Überlegungen sitzen Sie fest im Sattel. Damit sich was verändert, müssen Sie folgenden Weg gehen.

1. Etappe: Wasser tanken

Für eine lange Reise tankt das Kamel seine Höcker voll. Tanken auch Sie! Ab der ersten Woche sollte Wasser Hauptbestandteil Ihrer Ernährung sein, zumindest gewichtsmäßig! 3 kg (3 Liter) wären toll!

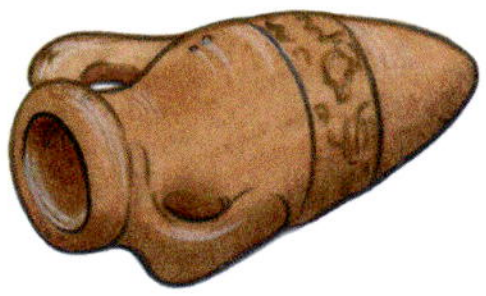

2. Etappe: Austausch

Schauen Sie in der zweiten Woche die festen Nahrungsbestandteile genauer an: Erstellen Sie eine Liste mit Ihren absoluten Lieblingsgerichten, auf die Sie im Moment nicht verzichten können. Überlegen Sie, wie man die Gerichte fettärmer zubereiten kann. Z. B. Soßen statt mit Crème fraîche oder Butter mit der wesentlich fettärmeren sauren Sahne verfeinern. Fleisch und Fisch grillen oder in einer Pfanne zubereiten, in der wenig Fett benötigt wird. Gratins schmecken auch mit Milch statt mit Sahne. Sojapudding ist besser als eine Tafel Schokolade. Nehmen Sie dazu das Buch zur Hand oder Sie schreiben mir eine E-Mail (Adresse auf S. 95)!

3. Etappe: Obst, Gemüse, Salat

Fühlen Sie sich schon wohler? In der dritten Woche ist das Ziel, den Obst- und Gemüsekonsum zu erhöhen. Die Aufgabe: Bei jeder Mahlzeit, also 5-mal am Tag, muss 1 Portion dabei sein. Gemüse oder Salat sollte nicht nur Beilage sein, sondern den größten Teil Ihres Tellers bedecken. Salat machen Sie mit Olivenöl an. Als Zwischenmahlzeiten gibt es diese Woche keine Schokoriegel o. Ä. Essen Sie Rohkost (Karotten, Salatgurke, Apfel, Weintrauben). Wenn Sie abnehmen wollen: keine Bananen!

4. Etappe: Weniger industrieller Zucker

Sie reiten durch die vierte Woche. Essen Sie immer noch Ihre Tafel Schokolade? Wenn Sie weiterhin 3 Liter Wasser trinken und Ihr Verzehr an süßem Obst und ballastoffreichem Gemüse noch so hoch ist, wie er sein sollte, wohl nicht mehr. Überprüfen Sie dennoch, wo und vor allem in welchen Situationen Sie trotzdem zu Schokoriegel, Gummibärchen & Co. greifen.

Wenn diese Produkte erst gar nicht in Ihrem Einkaufswagen landen, dann brauchen Sie auch vor dem etwaigen Verzehr keine Angst haben. Heißhungerattacken sollten inzwischen kein Thema mehr sein.

Damit im Einkaufswagen das landet, was gut für Sie ist, sollten Sie sich Ihre Einkaufsliste vorbereiten. Planen Sie Ihr Essen eine Woche im Voraus. Dann bleibt auch mehr im Geldbeutel.

Ernährung
Auf einen Blick

Kopieren und am Kühlschrank aufhängen!

Wenn Sie die Tipps beherzigen, ernähren Sie sich gesund, ohne auf Genuss verzichten zu müssen!

Trinken

- Legen Sie sich Flüssigkeitsvorräte an: am Bett, an Ihrem Arbeitsplatz zu Hause, im Auto, an Ihrer Arbeitsstelle auf dem Schreibtisch, in Ihrer Sporttasche und trinken Sie von Ihren Vorräten an den jeweiligen Orten.
- Trinken Sie ca. 15 bis 30 Minuten **vor jeder Mahlzeit** 1 Glas (250 ml) Wasser oder Tee. So schaffen Sie ca. 1 Liter pro Tag. Das Trinken während der Mahlzeiten ist weniger zu empfehlen, da durch die Flüssigkeit der Magensaft so stark verdünnt wird, dass die Verdauung der Speisen verlangsamt werden könnte.
- Stellen Sie sich an Ihrem **Arbeitsplatz** mindestens alle 2 Stunden 1 Glas (250 ml) bereit. Stellen Sie sich eventuell einen Wecker. Wenn Sie z. B. alle 2 Stunden eine Aktivierung oder Entspannung am Arbeitsplatz durchführen, dann trinken Sie vor Übungsbeginn, während und danach. Und noch 1 Liter ist geschafft.
- Sie mögen kein »langweiliges« Wasser und brauchen zum Trinken etwas mit **Geschmack**? Pressen Sie frische Zitrusfrüchte aus und geben Sie den Saft zum Wasser. Zitronensaft hilft übrigens bei der Verdauung der wichtigen Eiweiße. Oder probieren Sie Sanddornsaft.
- Ab und an eine **Saftschorle** trinken. Allerdings sollte das Mischungsverhältnis 1 Teil Saft ohne Zuckerzusatz und 3 bis 4 Teile Wasser betragen. Versuchen Sie es doch einmal mit einer selbst gemischten Traubensaftschorle.
- Wenn Sie unbedingt einmal **Wein** trinken müssen, dann bestellen Sie sich zu Ihrem Glas Rotwein immer ein Glas Mineralwasser und trinken Sie abwechselnd davon. Traubensaft hat übrigens die gleichen positiven Eigenschaften! 2-mal die Woche 1 Glas genügt!

Essen

Davon sollten Sie täglich essen:

- 3 bis 5 Portionen frisches Obst (besonders gut: Äpfel, Zitrusfrüchte, Kiwis, Beeren, rote Trauben, Papayas)
- 1 bis 3 Portionen frisches/tiefgekühltes Gemüse. Variieren Sie nach dem Ampelsystem: rote, gelbe und grüne Sorten über den Tag verteilt essen.
- 1 Portion Salat
- frische Kräuter

- Knoblauch (10 g/Tag) oder Zwiebeln
- Milchprodukte (Milch, Naturjoghurt, Quark, Buttermilch, Kefir, Brotaufstrich, ggf. selbst zubereiteter Hüttenkäse, alles fettarm)
- Hartkäse, fettarm (Edamer, Cheddar)
- Putenbrust in Scheiben oder in Aspik
- 3 Esslöffel Olivenöl
- hochwertige Öle (Raps-, Leinöl). Variieren Sie mit den verschiedenen Ölsorten!
- 1 Hand voll Nüsse (Sonnenblumen-, Kürbis-, Pinienkerne, Makademia-, Para-, Walnüsse)
- Hülsenfrüchte (Kichererbsen, Erbsen, Bohnen)
- Sojaprodukte (Milch, gedämpfter Tofu, Sprossen)
- Kleieflocken, Vollkleie, Vollkornflakes, z. B. zum Frühstück
- Vollkorn- oder Knäckebrot, z. B. zum Salat
- 1 Leckerli am Tag ist erlaubt. Wichtig: es sich gönnen und bewusst genießen (z. B. 1 Stück dunkle Schokolade mit 70 % Kakaoanteil)!

Greifen Sie hier regelmäßig zu (1- bis 2-mal/Woche):

- 1 Hand voll getrocknetes Obst (Aprikosen und Feigen sind reich an Vitamin B_5, Pflaumen, Rosinen)
- Kartoffel, Süßkartoffel
- Vollkornnudeln
- Naturreis, Wildreis
- 1 Ei
- magere Wurst- und Schinkensorten
- Fleisch von Pute, Truthahn
- Innereien: Kalbs- (Vitamin A) und Lammleber (Vitamin B_{12})
- Fisch, z. B. Seelachs, Kabeljau
- Schalentiere (Garnelen, Krebs, Hummer, Austern)
- Ölsardinen
- Algen
- 1 Glas Rotwein

Ab und an können Sie sich Folgendes gönnen (1-mal im Monat):

- Rind- und Schweinefleisch
- Rehbraten (reich an Eisen)
- Süßwasserfisch, fetterer Seefisch (Hering, Makrele, Forelle)
- Ihr absolutes Lieblingsessen – ganz egal, um was es sich handelt – ist gelgentlich drin, denn eine kleine Belohnung muss schon sein …

Was Sie sonst noch beachten sollten:

- Bereiten Sie Ihr Essen möglichst frisch zu. Achten Sie auf schonende Zubereitungsmethoden.
- Essen Sie in Ruhe und ohne Ablenkung durch Lesen oder Fernsehen.
- »Gut gekaut ist halb verdaut!«
- Essen Sie generell kleine Portionen.
- Die letzte Mahlzeit sollte 4 Stunden vor dem Schlafengehen stattfinden.

So schlafen Sie besser.

- Planen Sie 1-mal in der Woche ein so genanntes Dinner cancelling ein, d h., Sie lassen die Abendmahlzeit entfallen. Der Stoffwechsel sollte mindestens 12 Stunden lang keine Nährstoffe von »außen« erhalten.
- Kleine Sünden werden nicht sofort bestraft. Legen Sie beispielsweise nach einem großen Hochzeitsmenü einen Obst- und Gemüsetag ein.
- Denken Sie dran: Kohlenhydrate sind Beilagen!
- Gerade mit steigendem Alter (Effektivität der Verdauung lässt nach) und aufgrund der sinkenden Nährwerte in Lebensmitteln durch sauren Regen und Auslaugung der Böden kann die Einnahme von Nahrungsergänzungsmitteln sinnvoll sein. Präparate sollten die Inhaltstoffe im Körper verzögert abgeben.

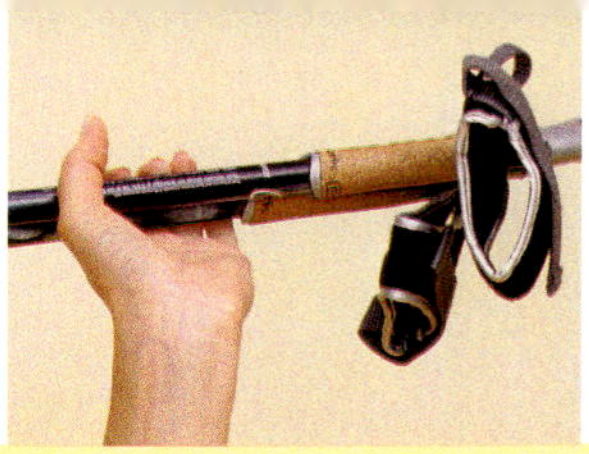

Gut bewegen

Jede Menge Tipps und Tricks
für Ihr ganz persönliches Trainingsprogramm

Fitness – wichtige Fakten

Clever trainieren

Wann trainieren?

Zu welcher Tageszeit trainiere ich am besten? Das kommt auf Ihr Ziel und Ihren Körper an. Wenn Sie abnehmen wollen, dann ist die Zeit direkt nach dem Aufstehen die günstigste Zeit. Morgenmuffel trainieren zu anderen Zeiten. Sie sollten niemals in einem Leistungstief, das sich meist nach dem Mittagessen einstellt, trainieren. Wenn Sie abends trainieren, dann sollten Sie anschließend keine große Mahlzeit mehr zu sich nehmen. Finden Sie Ihren individuellen Trainingszeitpunkt! Vielleicht auch einfach nur dann, wenn Sie Zeit haben.

Die vier Ws!

Was? Legen Sie für einen bestimmten Zeitraum fest, welche Übungen und Aktivitäten Sie durchführen. Nach vier Wochen sollten Sie etwas an Ihrer Übungsauswahl verändern.

Wie intensiv? Sie sollten sich immer leicht bis mittel belastet fühlen. Beim Ausdauertraining hilft ein Herzfrequenzmessgerät, die Belastung individueller und exakter zu steuern. Hören Sie bei allen anderen Aktivitäten auf Ihren Körper. Niemals bis zur Erschöpfung trainieren.

Wie lang? Selbst fünf Minuten lohnen sich zur Steigerung des Wohlbefindens. Zeitliches Minimum für ein Ausdauertraining: 15 Minuten. Also keine Ausreden mehr. »Training« ist außerdem immer und überall möglich!

Wie oft? Je höher die Intensität oder länger die Zeitdauer, desto weniger oft trainiere ich in der Woche.

Starten Sie mit 2-mal pro Woche 45 bis 60 Minuten und mehreren Kurz-Workouts, z.B. für die Straffung Ihrer Muskeln, zum Training des Beckenbodens, zur Verbesserung Ihrer Koordination oder der Entspannungsfähigkeit.

Immer mehr!

Der Körper passt sich an – und zwar an alles, was Sie mit ihm machen. Er denkt: »Nicht, dass sie morgen zehn Wiederholungen mehr macht! Bau ich lieber mal ein bisschen Muskelmasse auf.« Sie müssen Ihrem Körper dann auch mehr geben, damit er sich verbessert.

Warm up & Cool down

Jedes Training beginnt mit einem Aufwärmen und endet mit einer Abkühlphase. Je älter Sie werden, desto länger brauchen Sehnen und Bänder, um auf Betriebstemperatur zu kommen (ca. 10 Minuten). Im Gruppentraining werden Sie angeleitet. Schauen Sie sich für Ihr Training etwas ab. Sie wollen zu Hause üben? Dann probieren Sie es mit folgenden Aktivitäten: Marschieren Sie einfach ein paar Minuten am Platz, bewegen Sie Ihre Arme dazu oder führen Sie Raumbewegungen durch – vor und zurück –, damit es nicht zu eintönig ist. Steigen Sie auf einem kleinen Schemel oder der untersten Treppenstufe auf und ab. Oder tanzen Sie ganz einfach zu einem Musikstück, das Sie motiviert!
Genauso langsam, wie Sie angefangen haben, sollten Sie am Ende des Trainings Ihre Herzfrequenz wieder senken – mit kleineren Bewegungen, Marschieren am Platz, bewusster Atmung.

Dehnübungen

Am Ende jeder Trainingseinheit stehen Übungen, die die Muskeln durch Dehnung wieder auf ihr Ausgangsniveau zurückbringen sollen.

Atmung

Atmen Sie immer ruhig und gleichmäßig in den Bauch oder die Flanken. Sobald Sie aus der Puste kommen und sich nicht mehr unterhalten können, bewegen Sie sich zu intensiv. Schalten Sie einen Gang zurück. Bei den Kräftigungsübungen gilt: ausatmen bei der Anspannung, einatmen bei der Entspannung. Versuchen Sie, bei den Dehn- und Entspannungsübungen nur durch die Nase zu atmen. Übrigens dauert die Ausatmung immer länger als die Einatmung. Lenken Sie bewusst Ihre Konzentration auf Ihren Atem, z.B. kurz vorm Einschlafen heute Abend.

Training und Nahrungsaufnahme

Frauen dehydrieren schneller. Trinken Sie deshalb vor, während (schluckweise) und nach sportlicher Aktivität, am besten Wasser. Saftschorlen sind gute isotonische Getränke (Mischung 1 : 4).
Nehmen Sie mindestens zwei bis drei Stunden vor dem geplanten Training die letzte größere Mahlzeit zu sich. Kleine, gut verdauliche Snacks können Sie noch eine Stunde vorher essen.
Wollen Sie Gewicht reduzieren? Dann sollten Sie kohlenhydratreiche Getränke meiden (Saftschorlen oder Energieshakes mit Milch) und mit der festen Nahrungsaufnahme bis eine Stunde nach dem Training warten, aber auch kein Obst essen. Dann sollte hochwertiges Eiweiß auf dem Teller liegen.

Die richtige Reihenfolge!

Wollen Sie Ihre koordinativen Fähigkeiten verbessern, dann üben Sie diese immer zu Beginn des Trainings direkt nach dem Aufwärmen. Der Geist ist dann besonders aufnahmefähig. Wenn Ihr Ziel die Körperfettreduktion ist, sollte Ihr Training möglichst lang (90 Minuten) bei leichter bis mittlerer Belastungsintensität dauern. Am besten, Sie kombinieren das Ausdauertraining (75 Minuten) mit einer anschließenden Kräftigungssequenz (15 Minuten). Dann ist der so genannte Nachbrenneffekt besonders hoch, weil Ihr Stoffwechsel durch die vorangegangene Herz-Kreislauf-Aktivierung schon auf Hochtouren läuft. So verbrennen Sie bei Ihren Squats, Crunches & Co. eine Extraportion Energie und trainieren Ihre Fettverbrennungsöfen: die Muskeln.

Ohne Plan geht es nicht

Für einen leichten Einstieg lesen Sie auf S. 90 weiter.

Wir müssen uns bewegen, sonst bewegt sich nichts!

TIPP

Mit Musik geht alles besser

Legen Sie sich zum Trainieren motivierende Musik ein. Ein Disc-Man motiviert, wenn Sie alleine unterwegs sind!

Effektiv & schonend

Ausdauer trainieren!

Sie denken, ab 40 geht es bergab? Sie sind schon vorher mittendrin im Abbauprozess, auch wenn sich erst ab Mitte 30 bzw. 40 Veränderungen bemerkbar machen. Also, höchste Eisenbahn, etwas für Ihre Form zu tun. Seitdem Sie 25 sind, verschlechtern sich Ihre Lungenfunktionen, das Atemminutenvolumen, die Vitalkapazität und die Zahl der Lungenbläschen. Die Herz-Kreislauf-Größen – Schlagvolumen, maximale Herzfrequenz, maximale Sauerstoffaufnahme – sinken langsam, aber stetig seit Ihrem 30. Geburtstag.
Die Gefahr, eine Arteriosklerose zu entwickeln, steigt aufgrund der Gefäßveränderungen (Rigidität und Wandverdickung) ab ca. 35 Jahren. Insbesondere die Elastizität der Venen sinkt. Durch rhythmische Bewegungen, (Nordic) Walking und spezielle Venengymnastik helfen Sie, die Muskelpumpe zu aktivieren, die die Venen unterstützt.

Jetzt geht es an die Hüften oder besser: auf die Hüften. Ca. mit dem 40. Lebensjahr sinkt Ihr Grundumsatz durch hormonelle Veränderungen, d.h., wenn Sie wie vorher essen, legen sich die Fettpölsterchen automatisch wie Ringe um den Bauch. Sie benötigen weniger Energie, also passen Sie Ihre Ernährungssituation entsprechend an. Besser noch, Sie aktivieren Ihr Herz-Kreislauf-System. Neben den tollen Effekten für Ihre Gesundheit, wie die Senkung des Ruhepulses, den besseren Blutdruck, der verbesserten Sauerstoffaufnahme und Versorgung, dem Gefäßschutz als Vorbeugung vor Arteriosklerose sowie dem Abbau von Stress, verbrauchen Sie viele Kalorien.

Effektiv oder schonend?

Das effektivste Ausdauertraining – wegen der hohen Gelenkbelastung (bis zum Vierfachen des Körpergewichtes!) und der hohen Belastungsintensitäten allerdings bei Personen in höherem Alter meist verpönt – ist das **Jogging**.

Die gelenkschonende Variante und beste Einstiegsmöglichkeit in die Joggingkarriere ist das **Walking**. Bei richtiger Technik – größerer Schritt, Armschwung aus der Schulter – profitiert vor allem die Körperrückseite. Wenn Sie joggend keine drei Minuten durchhalten, dann versuchen Sie es doch einmal im Wechsel nach dem Intervallprinzip. Walkend aufwärmen, 5 Minuten schnelles Walking, 1 bis 2 Minuten joggen, 5 Minuten Walking, 1 bis 2 Minuten Jogging, mehrmals hintereinander. Cool down und Dehnung der Muskeln am Ende der Einheit nicht vergessen. Je öfter Sie das machen, desto kürzer können die Walking- und desto länger die Joggingphasen werden.

Radfahren ist in! Selbst im Fitness-Center sind die Fahrradergometer immer noch die am meisten frequentierten Geräte, obwohl die Aktivität im Vergleich zu anderen Ausdaueraktivitäten den geringsten Energieumsatz bei gleichem subjektivem Belastungsempfinden zeigt.

Schwimmen wird hoch gepriesen, wegen der geringen Gelenkbelastung und der Ganzkörperbeanspruchung – generell eine tolle Trainingsmöglichkeit. Doch kein Bewegungseinsteiger würde Schwimmen jemals so praktizieren können, dass es ein Ausdauertraining ist und zu schnellen Erfolgen bei der Körperfettreduktion führt. Zudem tun sich Übergewichtige häufig schwer, sich im Badeanzug zu zeigen.

Aqua-Fitness ist eine gute Alternative zur horizontalen Fortbewegung im Wasser. Besonders gelenkschonend ist die Joggingvariante im Tiefwasser. Die Technik können Sie in speziellen Kursen erlernen. Ihr Vorteil: Neben der Effektivität für die Herz-Kreislauf-Aktivierung und der geringen Gelenkbelastung motivieren Musik und Gruppe. 45 oder 60 Minuten Training sind kein Problem. Achtung: Nach dem Training im Wasser hat man besonders viel Hunger. Greifen Sie in Ihren Obstkorb, wenn Sie nach Hause kommen!

Inline Skating ist, wenn man sicher fahren und bremsen kann, ein toller Sport mit hohem Spaßfaktor, um sich bei trockenen Straßenverhältnissen fit zu halten. Bei diesem Training verbessern Sie Ihre Ausdauer und Koordination garantiert. Noch effektiver ist es mit Stöcken: das Nordic Blading. Dafür müssen Sie aber schon sehr geübt sein.

Wenn Sie überlegen, sich einen Heimtrainer anzuschaffen, dann empfehle ich Ihnen einen **Crosstrainer**. Er erlaubt eine Bewegung, bei der Ober- und Unterkörper gleichzeitig beansprucht werden. Die Beine machen eine elliptische Bewegung, die Arme werden gegengleich vor und zurück bewegt. Durch aktiven Druck und Schub auf die Armpaddels erhöhen Sie Ihren Energieverbrauch. Die Anschaffung lohnt sich auf jeden Fall, wenn Sie das Gerät im Wohnzimmer, z. B. vor dem Fernseher, platzieren. So können Sie, während Ihr Lieblingsfilm läuft, in Form kommen – Sie schlagen drei Fliegen mit einer Klappe, denn Sie trainieren, haben dabei Unterhaltung und sind fern von der Couch und der Chipstüte.

Rope Skipping oder besser bekannt als Seilspringen ist immer und überall möglich, denn das Seil passt in jede Hosentasche. Wenn Sie richtig mit dem Seil springen, können Sie Ihre Ausdauer, Kraft und Koordination besonders effektiv und effizient trainieren. Denn wenn Sie es schaffen, 10 Minuten am Stück zu springen, dann ist das vergleichbar mit 30 Minuten Jogging. Als Einsteiger sollten Sie allerdings nach dem so genannten Intervallprinzip langsam steigern. 30 Sekunden springen, 2 Minuten marschieren am Platz. Mehrmals wiederholen. So erhöhen Sie langsam die Sprungzeit.

»Es ist noch niemand an Rückenschmerzen gestorben, wohl aber an einem Herzinfarkt.«

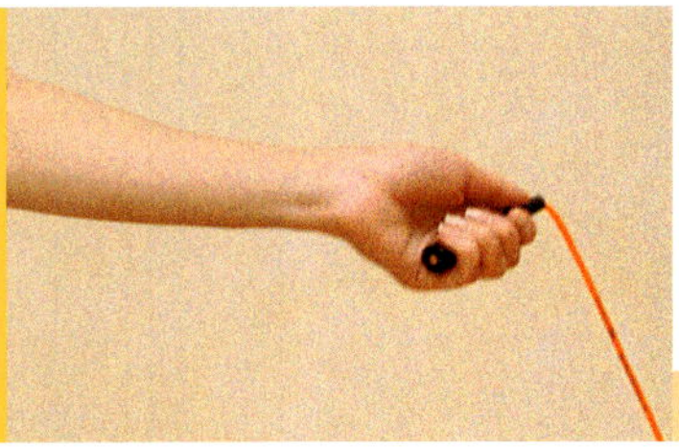

Richtig trainieren – gewusst was und wie

Was trainieren?

Das schonendste und zugleich effektivste, was Sie zur Zeit für Ihren Körper und zur Fettreduktion tun können, ist Nordic Walking.

Ich selbst habe – ohne etwas bewusst an meiner Ernährung zu verändern – durch zwei bis drei zusätzliche Trainingseinheiten Nordic Walking innerhalb von acht Wochen drei Kilogramm Körpergewicht und drei Prozent Körperfett verloren. Und viele meiner Kundinnen haben mit diesem Sport in Verbindung mit dem richtigen Ernährungskonzept gute Erfolge erzielt.

Gehen Sie schon am Stock?

- Das Tolle am Nordic Walking ist, dass man einfach in seinem Wohlfühlbereich walken kann und das sogar über Stunden.
- Es ist nicht nur ein optimales Herz-Kreislauf-Training mit den bereits genannten langfristigen Effekten.
- Sie beanspruchen ca. 90 Prozent der gesamten Körpermuskulatur und sind dadurch bis zu 40 Prozent effektiver als die »normalen« Walker unterwegs.
- Bei richtiger Technik entlasten Sie die Fuß-, Knie- und Hüftgelenke.
- Sie trainieren die so oft vernachlässigte Körperrückseite: Wade, Oberschenkelrückseite, Po, gesamte Rückenstreckmuskulatur, die Muskeln zwischen den Schulterblättern, die Oberarmrückseite und die hintere Schulterpartie. Und besonders die schrägen Bauchmuskeln.
- Daneben schulen Sie die Kreuzkoordination und schonen den Beckenboden.
- Man kann Nordic Walking immer – zu jeder Jahreszeit – und überall machen. Und es kann auch ein richtiger Familiensport sein.
- Wer gerne in der Gruppe trainiert, kann sich auch einem so genannten Nordic-Walking-Treff anschließen. Sicherlich gibt es einen solchen auch bereits in Ihrer Nähe.

Keine Angst vor Spöttern!

Sie haben noch Bedenken, weil es Ihrer Meinung nach komisch aussieht, mit Stöcken bewaffnet durch die Gegend zu laufen? Und die komischen Kommentare von Passanten wollen Sie sich nicht anhören. Keine Sorge, da sollten Sie drüberstehen. Denn Sie wissen nun, dass es eigentlich dumm wäre, ohne Stöcke durch den Wald zu walken. Außerdem fällt man mittlerweile auf, wenn man nicht mit Stöcken geht.

Technik erlernen

- Lassen Sie sich von qualifizierten Trainern einweisen. Idealerweise nehmen Sie an einem Kurs teil. So können Sie auch potenzielle Trainingspartner für die Zeit danach kennen lernen.
- Erfahrungsgemäß braucht man etwa drei bis vier Einheiten, bis die Technik in Fleisch und Blut übergegangen ist.

Material-INFO

Fürs Nordic Walking benötigen Sie spezielle Stöcke. Beim Stockkauf sollten Sie auf ein ergonomisches Griff-Schlaufen-System achten. Stöcke mit hohem Carbonanteil sind besonders leicht. Lassen Sie sich auch bezüglich der Stocklänge im Fachgeschäft beraten.

TIPP

Wenn Sie beim Nordic Walking lächeln, dann benutzen Sie noch ein paar mehr Muskeln als ohnehin schon.

Wie intensiv trainieren?

Viele Menschen schrecken vor sportlicher Aktivität zurück, weil sie denken, sie müssen sich verausgaben oder etwas Schmerzhaftes tun, ganz nach dem längst veralteten Motto: »No pain, no gain«.

Trainiere ich mit der richtigen Intensität?

Damit Sie sich nicht überlasten, messen Sie, wie hart Ihr Körper arbeitet. Es gibt mehrere Möglichkeiten, das zu überprüfen:

- **Herzfrequenzmessung:** Ein Herzfrequenzmessgerät zeigt EKG-genau an, wie intensiv Ihr Herz arbeitet.
- **Subjektives Belastungsempfinden:** Fragen Sie sich: Wie fühle ich mich belastet? Ganz locker oder schon ziemlich schwer? So schulen Sie Ihr Körperempfinden.
- **Unterhalten:** Wenn Sie sich mit Ihrem Trainingspartner noch problemlos unterhalten können (»laufen ohne zu schnaufen«), belasten Sie sich sicher nicht zu hoch. Unterforderung bringt langfristig allerdings auch nichts!

Das Maß der Anstrengung richtet sich nach der Phase der Trainingseinheit, in der Sie sich befinden. Im Hauptteil bestimmt Ihr Ziel die Belastungshöhe. Wenn Sie am Ende des Trainings meinen, Sie müssten auf allen Vieren zum Auto kriechen, dann waren Sie zu hart zu sich.

So finden Sie die optimale Trainingintensität

Die unten stehende Tabelle gibt Ihnen einen Überblick, in welchen Intensitätsbereichen Sie sich belasten sollten – in Abhängigkeit vom Alter und der Art des Trainings.

Als Bewegungseinsteiger sollten Sie nach jahrelanger Sportabstinenz zunächst im niedrigen Intensitätsbereich von 65 % Ihrer maximalen Herzfrequenz (abgekürzt: HFmax) trainieren. Sie errechnen Ihre HFmax nach der Formel:

- 226 minus Lebensalter (Männer rechnen 220 minus Lebensalter).

Nach vier Wochen steigern Sie auf eine leichte bis mittlere Belastungsintensität. Das entspricht 65 bis 75 % der HFmax. Spätestens nach sechs Monaten regelmäßigen Trainings (2- bis 3-mal 60 Minuten Ausdauertraining pro Woche) können Sie sich in höhere Intensitätsbereiche hineinwagen und auch in der Methodik variieren.

Die Herzfrequenz ist eine variable Größe, die mit steigender Intensität linear zunimmt. Sie ist abhängig vom Fitnesszustand, kann aber durch Faktoren wie beispielsweise Stress, Schlafmangel, Genussmittelkonsum und Klima beeinflusst werden. Wundern Sie sich also nicht, wenn Sie sich nach einer schlaflosen Vollmondnacht bei subjektiv leichtem Belastungsempfinden im hohen Herzfrequenzbereich bewegen.

In der Tabelle können Sie ablesen, mit welcher Herzfrequenz (Puls) Sie das jeweilige Training – in Abhängigkeit von Ihrem Alter – absolvieren sollten.

Aktivität/Alter	% von HFmax/ subjektives Empfinden	20	30	40	50	60	70
Warm up/Training bei gesundheitlichen Beeinträchtigungen	60–65% leicht	123–133	117–127	112–121	106–115	100–108	94–101
Ziel: Grundlagenausdauer, Fettstoffwechseltraining	65–75% leicht–mittel	134–154	127–147	121–140	115–132	108–125	101–117
Ziel: Verbesserung der Ausdauerleistungsfähigkeit, Kalorienverbrauch	75–85% mittel–schwer	155–175	147–167	140–158	132–150	125–141	117–133
Rote Zone: In diesem Bereich sollten Sie nie trainieren!	> 85% schwer–sehr schwer	> 175	> 167	> 158	> 150	> 141	> 133

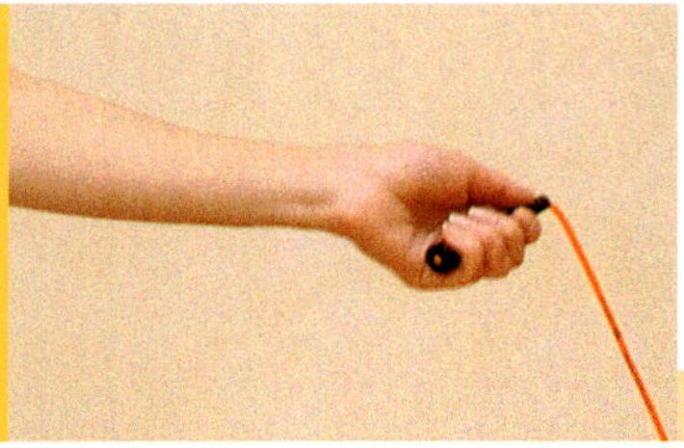

Das richtige Maß!

Wie lang und wie oft trainieren?
Die Trainingsdauer ist abhängig von der Höhe der Intensität, mit der Sie trainieren. Da Sie sich als Bewegungseinsteiger im niedrigen Intensitätsbereich befinden, können Sie zu Beginn sicher eine Trainingsdauer von 45 Minuten tolerieren. Wenn Sie schlecht geschlafen haben oder sich während des Trainings einfach schlapp fühlen, dann hören Sie auf, auch wenn erst 35 Minuten verstrichen sind.
Der Körper ist schlau! Er passt sich sehr schnell an Belastungen an. Um weitere Anpassungen des Herz-Kreislauf-Systems, wie Senkung von Ruhepuls und Blutdruck, zu erreichen, müssen Sie Ihre Trainingszeit sukzessive erhöhen.

Wie oft Sie pro Woche Sport treiben, ist ebenfalls abhängig von der Intensität, mit der Sie trainieren, aber auch von der Belastungsdauer. Generell sollten Sie Ihrem Körper ausreichend Zeit zur Regeneration geben. Je intensiver Sie trainieren, desto länger müssen Sie mit der gleichen Belastung pausieren. Drehen Sie bitte auch nicht jeden Tag Ihre Runden schematisch durch den Park. Sie können zwar jeden Tag trainieren, aber bitte mit unterschiedlicher Beanspruchung und Intensität (siehe dazu auch die Traininspläne ab S. 90).

Als Einsteiger sollten Sie Ihrem Körper 48 bis 72 Stunden Zeit geben, bis Sie sich erneut belasten. Trainieren Sie also am Anfang 2-mal die Woche. Steigern Sie nach 4–8 Wochen auf 3 Trainingseinheiten.
Sie können nicht so viel Zeit aufbringen? Dann versuchen Sie möglichst viele Kurz-Workouts in Ihren Tagesablauf zu integrieren – und das jeden Tag.

Mini-Workouts gehen immer! Probieren Sie es mal damit:
- Auch im Hotel kann man die Treppe benutzen! Wohnen Sie im 10. Stock? Dann steigen Sie im 7. aus dem Lift und gehen die restlichen Etagen zu Fuß.
- Nehmen Sie den Bus oder die Bahn zur Arbeit? Dann steigen Sie zwei oder drei Stationen früher aus und gehen Sie den Rest. Achten Sie auf geeignetes Schuhwerk!

INFO

Das zeitliche Minimum für ein Ausdauertraining liegt bei 15 Minuten. Es gibt also keine Ausrede mehr – das ist selbst an stressigen Tagen drin.

Ausgangsaktivität	1. mögliche Veränderung nach 4 Wochen	2. mögliche Veränderung nach 8–12 Wochen
1–2 Trainingseinheiten pro Woche	2 Trainingseinheiten pro Woche	2–3 Trainingseinheiten pro Woche
15–20 Minuten Walking	25–30 Minuten Walking	35–40 Minuten Walking
Kraftübung 20–25 Wiederholungen 20 kg, 1 Satz	25–30 Wiederholungen 20 kg, 1 Satz	20 Wiederholungen 20 kg, 2 Sätze
Einbeinstand	Einbeinstand mit Ball werfen	Einbeinstand auf wackeliger Unterlage nach weiterem Training: zusätzlich Ballwerfen
usw.		

So wird es nicht langweilig!

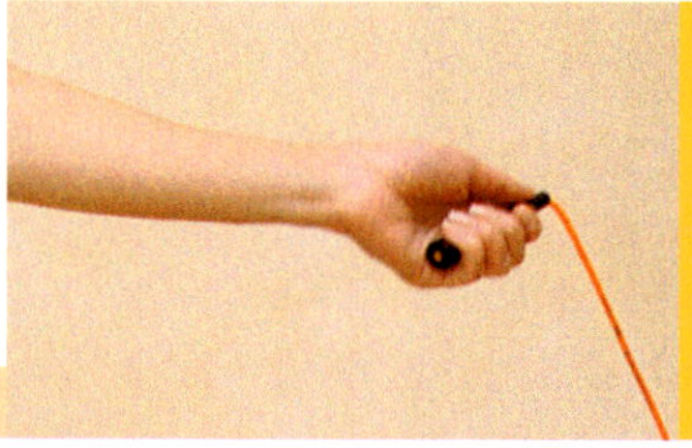

Variation bringt's

So sehr ich Ihnen Nordic Walking auch ans Herz lege. Sie sollten die nächsten zehn Jahre nicht fünfmal die Woche mit Stöcken durch Wald und Flur rennen. Das wäre langfristig gesehen eintönig für Ihren Körper und spätestens nach sechs Monaten sind Ihre Körpersysteme beleidigt und nichts passiert mehr. Das Gewicht bleibt gleich, die Leistungsfähigkeit stagniert. Der Körper benötigt Veränderung, damit sich was bewegt, er braucht spätestens nach 8 bis 12 Wochen Training eine neue Anforderung.

Intervalltraining

Dieses Training gibt Ihrem Körper wieder einen ungewohnten Reiz, um sich zu steigern. Im Sport wird es durchgeführt, um die Laktattoleranz des Körpers zu verbessern. Deshalb sollte es erst nach einem 6-monatigen regelmäßigen Ausdauertraining (2 bis 3 Einheiten pro Woche) eingeführt werden.
Beim Intervalltraining wechseln Phasen höherer Intensität mit Phasen niedriger Intensität ab. Legen Sie im Vorherein Ihre Herzfrequenzwerte fest, innerhalb derer Sie sich bewegen sollten. Beim Intervalltraining steigeren Sie sich in der Belastungsphase auf ca. 80 bis 85 % der maximalen Herzfrequenz und versuchen die HFmax in der Erholungsphase auf den Warm-up-Wert (60 bis 65 % HFmax) zu senken. Z. B.: Belastung (3 Minuten) – Erholung (1 bis 2 Minuten), ca. 5- bis 10-mal hintereinander. Warm up und Cool down nicht vergessen!

Crosstraining im Ausdauertraining

Eine weitere Variation, die den Körper besonders umfassend, diesmal innerhalb einer Trainingseinheit trainiert, ist das Crosstraining. So könnte man es machen:

Outdoor-X-Training (z. B. 90 Minuten): Sie starten mit 45 Minuten Nordic Walking, gehen dann ins (Nordic) Jogging über (15 Minuten) und fahren am Ende noch ein paar Runden mit dem Rad (30 Minuten).
Indoor-X-Training (z. B. 60 Minuten): Im Studio beginnen Sie mit dem Crosstrainer (20 Minuten), wechseln zum Ruderergometer (20 Minuten) und beenden das Training mit dem Stepper (20 Minuten).

Hometraining mal anders

Sie müssen nicht ins Fitness-Studio, um in Form zu kommen. Nehmen Sie die Treppe als Ausdauergerät und steigen Sie Stockwerke. Oder benutzen Sie die unterste Stufe als eine Art Step, zum Auf- und wieder Absteigen.

Auch ein kleiner Hocker oder die unterste Treppenstufe kann Ihnen als Step-Trainingsgerät dienen. Variieren Sie dabei die Bein- und Raumbewegungen.

Ganz in Ruhe Fett verbrennen

Kraftausdauertraining!

Wenn Sie regelmäßig Ihre Muskeln trainieren, straffen Sie nicht nur Ihr Gewebe. Sie verbessern die Stoffwechselsituation in Ihrem Muskel und somit auch in Ihrem Körper. Mehr schöne, schlanke Muskeln bedeuten mehr Energieverbrennungsöfen, die so genannten Mitochondrien. Während Sie also Ihren Körper in Form bringen, tun Sie gleichzeitig auch noch etwas für die Fettverbrennung. Je mehr Muskelmasse Sie haben, desto geringer ist prozentual gesehen Ihr Körperfettanteil und desto mehr Energie verbrauchen Sie. Sogar in Ruhe!
Aber nicht nur in Bezug auf die Körperformung und Reduzierung des Körpergewichtes ist ein Krafttraining sinnvoll. Kraft ist das, was wir ständig brauchen. Oder was glauben Sie, wie Sie es schaffen, vom Stuhl aufzustehen oder Treppen zu steigen? Das fällt Ihnen schon schwer? Dann sollten Sie Ihre Beinmuskeln kräftigen. Kurze Lesepause: Stehen Sie sofort 20-mal vom Stuhl auf und setzen sich wieder hin!

Trainieren Sie mindestens 2-mal pro Woche ein umfassendes Programm und versuchen Sie, tagtäglich in Ihren Zeitplan kleine Kräftigungssequenzen einzubauen.
Der Widerstand (Gewicht in Form einer Flasche, eines Buches oder des Thera-Bands) sollte so beschaffen sein, dass Sie mindestens 20 Wiederholungen pro Übung durchführen können. Dann verbessern Sie die Ausdauerfähigkeit der Muskeln.

Bodyforming

Sie wollen straffe Haut und lange, schöne Muskeln? Dann sollten Sie keine Angst vor einem Krafttraining haben. Nicht nur, dass Frauen gar nicht die Veranlagung haben, große Muskelberge zu entwickeln. Nein, der Abbau der Muskulatur und die Schwächung des Bindegewebes beginnt bereits ab dem 30. Lebensjahr. Hormonelle Veränderungen in den Wechseljahren und körperliche Inaktivität sind diesem Prozess besonders zuträglich.

Haben Sie Cellulite?

Sie können die Muskeln zwar kräftigen, dadurch das Bindegewebe straffen und schlanker aussehen. Das Unterhautfettgewebe, das über den Muskeln liegt, bekommen Sie aber nur durch Ausdauertraining weg!

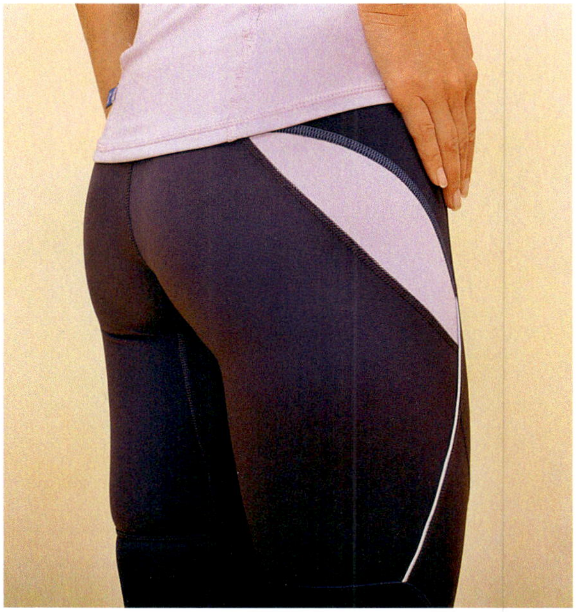

Akzeptieren Sie Ihre Voraussetzungen!

Jeder Mensch ist anders! Logisch. Jeder Mensch reagiert verschieden auf bestimmte Maßnahmen. Das liegt an den unterschiedlichen Körpertypen!
Der Einfachheit halber unterscheidet man drei verschiedene **Körpertypen**:

- der »Hagere«: generell niedriger Körperfettanteil; guter Futterverwerter; lange, schlanke Muskeln
- der »Muskulöse«: baut schnell Muskelmasse auf; guter Eiweißstoffwechsel
- der »Kräftige«: Tendenz zu höherem Körperfettanteil; schlechter Nahrungsverwerter

Die meisten Menschen sind Typ-Kombinationen.

Allerdings heißt das nicht, wenn Sie zu dem »kräftigeren« Anteil der Bevölkerung zählen, dass Sie notwendigerweise übergewichtig sind und Orangenhaut haben. Es ist allerdings schwerer, Körperfett zu reduzieren, wenn die Polster über Jahre hinweg stetig gewachsen sind. Ein Trost: Cellulite haben auch schlanke Frauen.
Akzeptieren Sie Ihren Körper und seine Voraussetzungen, dann werden Sie ihn mit den richtigen Strategien trotzdem gut in Form bringen! Sagen Sie ja zu einem neuen Lebensstil und Sie schaffen alles mit links! Denn das Versprechen der Werbung, Falten zu mindern und Cellulite allein durch das Auftragen einer Creme ganz einfach verschwinden zu lassen, ist Utopie.

Richtige Ernährung, Ausdauer- und Muskeltraining ist Training oder besser »Lifting von innen«. Sie müssen nur Zeit investieren, denn trainieren kann man überall!

TIPP

Pilates & Yoga
Diese beiden Trainingsprogramme fördern und bilden lange, schlanke Muskeln.

Schöner Rücken

Wer inaktiv ist, sitzt meist viel. Dadurch wird besonders die Wirbelsäule belastet. Rückenschmerzen und Verspannungen der Rücken- und Nackenmuskeln sind aufgrund von Dauerstellungen in unfunktionellen Körperpositionen vorprogrammiert.

Die Wirbelsäule besteht aus 25 übereinander liegenden gelenkigen Verbindungen. Die einzelnen Wirbel sind durch viele kleine und größere Muskelstränge miteinander verbunden und verschiedene tief und oberflächlich liegende Muskeln umspannen die drei Wirbelsäulenabschnitte Hals-, Brust- und Lendenwirbelsäule. Diese Bereiche sind aufgrund des unterschiedlichen Wirbelaufbaus und der Einbettung in das Körpersystem unterschiedlich anfällig.

Die Muskeln der Halswirbelsäule balancieren den Kopf. Durch die besondere Wirbelkonstruktion des 1. und 2. Halswirbels ist die Beweglichkeit besonders groß. Die Brustwirbelsäule ist durch die Anbindung an den Brustkorb relativ starr und unbeweglich, macht aber die wenigsten Probleme. Die Lendenwirbelsäule trägt die größte Belastung und ist damit am verletzungsanfälligsten. Dieses komplexe System ermöglicht bei optimaler Funktion eine gute Haltung und den aufrechten Gang.

Damit Sie nicht zu den 80 % der Bevölkerung gehören, die an Rückenschmerzen leiden, sollten Sie:

- den Rücken zwischendurch entlasten. Legen Sie sich dafür auf den Rücken. So schonen Sie die Bandscheiben. Variieren Sie mit ausgestreckten Beinen, aufgestellten Füßen oder in der Stufenlagerung.
- sich zum Telefonieren hinstellen oder einen Umweg zum Kopierer machen.
- die einzelnen Wirbelsäulenbereiche zwischendurch mit den folgenden Übungen mobilisieren:

Für den **Nacken** Kopf langsam nach rechts und links neigen, drehen oder das Kinn zur Brust führen.

Für den **oberen Rücken** abwechselnd die Brust nach vorne und Richtung Wirbelsäule nach hinten schieben, bei Letzterem Schultern nach vorne führen und Kopf neigen.

Für den **unteren Rücken** setzen Sie sich so hin, dass Sie Ihre Sitzbeinhöcker spüren.

Rollen Sie das Becken im Wechsel nach vorne und hinten, so dass jeweils die Belastung von den Höckern verschwindet.

Variation 1: Schieben Sie Ihr Becken im Wechsel nach rechts und links.

Variation 2: Kreisen Sie das Becken, vor, rechts, zurück, links. Auch Richtungswechsel.

TIPP

Legen Sie Ihre Hände unter den Po und spüren Sie die spitzen Knochen.

Überprüfen Sie Ihre alltäglichen Gewohnheiten

1 Sitzen Sie aktiv: D. h., wechseln Sie Ihre Sitzposition in regelmäßigen Abständen. Zurückgelehnt, aufrecht an das Rückenpolster gelehnt, mittlere Sitzposition, vordere Sitzposition, mal auf dem Pezziball oder auf Ihrem Stuhl mit Luftkissen.

2 Stehen Sie aktiv: Beobachten Sie zunächst, wie Sie stehen. Ist Ihre Hüfte nach rechts oder links verschoben? Dann sind Ihre Bein-, Hüft- und Rückenmuskeln nicht stark genug, um Ihr Gewicht auf beiden Beinen verteilt auszubalancieren. Verteilen Sie das Gewicht auf beide Füße. Wenn Sie die Knie leicht beugen, entlasten Sie Ihren unteren Rücken.

3 Heben Sie richtig: Gegenstände immer aus den Beinen heraus heben. Üben Sie dafür so oft es geht Kniebeugen, z. B. direkt nach dem Aufstehen an der Bettkante oder direkt bevor Sie in die Mittagspause gehen.

4 Stehen Sie aus dem Sitz auf: Idealerweise stehen Sie aus der Schrittstellung vom Stuhl oder Sofa auf. Verteilen Sie dabei das Gewicht auf beide Beine und schieben Sie den Oberkörper aus der Hüfte heraus nach vorne. So verlagern Sie Ihren Körperschwerpunkt in die richtige Richtung. Das Aufstehen fällt so leichter und ist schonender.

5 Stehen Sie aus der Rückenlage auf: Drehen Sie sich aus der Rückenlage immer erst auf die Seite. Sollten Sie im Bett liegen, dann lassen Sie die Füße auf den Boden absinken und drücken Sie sich gleichzeitig mit den Armen aus der Seite nach oben.
Auf dem Boden drehen Sie sich auf die Seite, stützen sich seitlich in den Sitz, drehen sich in den Vierfüßlerstand, danach in den Kanutenstand (kniend, ein Bein aufgestellt) und kommen dann rückengerecht mit der Kraft Ihrer Beine nach oben.

6 Putzen Sie Ihre Zähne: Stehen Sie hüftbreit oder in leichtem Ausfallschritt. Beugen Sie die Beine, schieben Sie den Po nach hinten und beugen Sie Ihren Oberkörper aus der Hüfte nach vorne. Halten Sie den Rücken möglichst gerade. Wenn Sie in dieser Position Ihre Zähne putzen, dann schonen Sie nicht nur die Wirbelsäule, Sie trainieren auch die Rückenmuskeln.

Sie kennen die meisten Tipps schon? Aber nutzen Sie die Übungen auch im Alltag? Nein? Dann erinnern Sie sich selbst an das rückengerechte Verhalten, z. B. durch einen Smily am Spiegel im Bad oder am Computerbildschirm.

TIPP

Wenn Sie sich auf ein Ballkissen setzen, dann können Sie das Becken besser kreisen.

1

3

Flacher Bauch

Ein Training der Bauchmuskeln sollten Sie nicht nur in Erwägung ziehen, weil Sie einen flachen Bauch haben möchten. Das muskuläre Gleichgewicht des Rumpfes ist von entscheidender Bedeutung für das optimale Funktionieren der Wirbelsäule und zur Vorbeugung von Verletzungen und Abnutzungserscheinungen.

Nordic Walking für einen flachen Bauch. Dies ist in zweierlei Hinsicht richtig. Bei langer Trainingsdauer, z. B. 90 Minuten bei leichter bis mittlerer Intensität (so sollen Sie sich belastet fühlen), kurbelt die Ausdaueraktivität den Stoffwechsel an und trainiert gleichzeitig bei jedem Schritt die schrägen Bauchmuskeln. Wenn Sie einen ordentlichen Druck mit Ihrem Arm-Schulter-Rücken-Einsatz auf den Stock bringen, wird automatisch durch das Vorbringen des Gegenbeins ein Gegendruck aufgebaut. Diese Diagonalspannung lässt Ihre Taille schlanker werden. Sie trainiert nämlich optimal Ihre schräge Bauchmuskulatur.

Die Bauchmuskeln bestehen aus drei Schichten. Die Muskelfasern jeder Schicht verlaufen in unterschiedliche Richtungen. Die Muskeln werden beim geraden Aufrichten aus der Bauchlage trainiert. Sie kennen diese gemeinen Crunches bestimmt schon. Ein Tipp, wenn Sie bei deren Ausführung Nackenprobleme haben: Legen Sie sich auf ein Handtuch. Fassen Sie die Enden und halten Sie den Kopf so mit der Kraft der Arme. Die Aufrollbewegung sollte aber immer noch aus dem Bauch kommen!

Die schrägen Bauchmuskeln, die jeweils rechts und links von den Rippen zur Bauchmitte (äußerer schräger Bauchmuskel) bzw. umgekehrt (innerer schräger Bauchmuskel) ziehen, bilden die Taille aus. Sie werden besonders bei diagonaler Bewegungsrichtung und bei Rotationsbewegungen trainiert.

Der quer verlaufende Bauchmuskel hält die Organe zusammen und ist für die Bauchspannung verantwortlich. Die Bauchmuskeln haben vorwiegend haltende Funktion beim Stehen, Gehen und beim aufrechten Sitzen. Bei allen alltäglichen Bewegungen müssen Sie aber auch dynamisch Kraftanstrengungen meistern. Deshalb sollten diese Muskeln so variabel wie möglich beansprucht werden.

Bauchmuskelübungen, bei denen die Beine mit bewegt werden, beanspruchen auch in hohem Maß die Hüftbeugemuskulatur. Dies ist nicht immer wünschenswert. Soll-

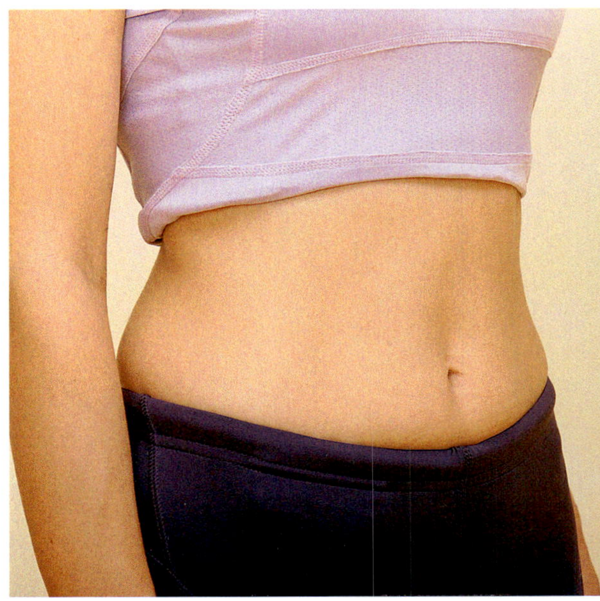

TIPP

Mit den richtigen Übungen straffen Sie Ihre Bauchmuskeln. Es sollte Ihnen aber klar sein, dass Sie das Fett, das darüber liegt, nur mit regelmäßigem Ausdauertraining im Fettstoffwechselbereich wegbekommen!

ten Sie zu einem Hohlkreuz neigen oder der untere Rücken Ihnen häufig Probleme bereiten, dann versuchen Sie, die Bauchmuskeln so isoliert wie möglich zu trainieren. Das ist nur bei Übungen »ohne« Bewegung in den Hüften gewährleistet.

Einfache Übungen

1 Bauchnabel nach innen ziehen: Stellen Sie sich vor, Sie ziehen ein Band immer enger um Ihren Bauch. Dabei sollten Sie trotzdem ganz normal weiteratmen können. Diese Bauchspannung können Sie immer wieder einmal für ein paar Sekunden oder Minuten üben, beispielsweise im Bus, an der Ampel im Auto oder während eines Meetings.

2 Seitneigen im Sitzen: Setzen Sie sich aufrecht hin, Füße aufgestellt. Nehmen Sie einen etwas schwereren Gegenstand, z.B. eine 1,5 Liter PET-Flasche oder ein Buch, in eine Hand. Neigen Sie den Oberkörper zu der Seite, in der Sie den Gegenstand halten. Die Gegenseite muss arbeiten, dann Seitenwechsel.

3 Druck und Gegendruck: Die Übung ist in der Rückenlage, im Sitz oder Stand ausführbar. Heben Sie das rechte Bein an, so dass Hüft- und Kniewinkel jeweils 90° betragen. Legen Sie die linke Hand auf den Oberschenkel und üben Sie leichten bis mittleren Druck aus. 5–10 Sekunden lang halten.

4 Käfer seitlich: Legen Sie sich auf die Seite. Zur Stabilisation ist der untere Arm nach vorne ausgestreckt und das untere Bein mit einem Hüft- und Kniewinkel von 90° positioniert. Heben Sie den oberen Arm und das obere Bein gestreckt an. Schwieriger ist es, wenn Sie die obere Hand zur Stabilisierung vor dem Körper abstützen und beide Beine gleichzeitig gestreckt anheben.

Bei allen Übungen gilt: ruhig weiteratmen. Ein Zeichen von zu hoher Belastung ist das Anhalten des Atems.

3

Straffe Arme & Brust

Wer auch mit 50 noch mit ärmellosen Tops im Sommer oder mit dem kleinen Schwarzen auf der nächsten Vernissage gut aussehen will, der sollte täglich etwas für die Armmuskeln tun.
Der Muskel der Oberarmrückseite, der Armstrecker, löst sich mit steigendem Alter von dem Unterhautfettgewebe. Dadurch hängt die untrainierte Armrückseite häufig stark herunter. Die Brust folgt mit der Zeit der Schwerkraft, gerade wenn Sie ein oder mehrere Kinder zur Welt gebracht und mehrere Monate gestillt haben.
Aber nicht nur wegen Ihres Aussehens sollten Sie die Oberarmmuskeln trainieren. Je älter Sie werden, desto wichtiger ist die Armkraft, z. B. für das eigenständige Aufstehen vom Stuhl. Der Armstrecker unterstützt hier die Beinmuskeln in hohem Maß.
Damit das Winken wieder Freude bereitet!

1

Übungen für die Armrückseite

1 Triceps Dips am Küchenstuhl: Setzen Sie sich auf das vordere Drittel des Stuhles, Füße im 100°-Winkel aufgestellt. Die Hände eng neben dem Po aufsetzen. Lösen Sie den Po von der Unterlage und verlagern Sie das Gewicht auf die Arme. Beugen und strecken Sie die Arme im Wechsel. Der Oberkörper bleibt dabei aufrecht und nah am Stuhl.

2 Tischdrücken: Diese Übung können Sie z. B. vor jeder Mahlzeit machen oder ganz unbemerkt im nächsten Meeting. Sie sollten an einem Tisch sitzen. Legen Sie die Unterarme fast komplett auf, die Handfläche kann variieren, dann beanspruchen Sie die Muskeln immer anders. Bauen Sie nun mit den Unterarmen leichten bis mittleren Druck auf die Unterlage auf. 10 Sekunden lang halten. Das ist eine statische Anspannung, bei der Sie besonders auf die Atmung achten sollten.

3 Stab auseinander ziehen: Führen Sie eine Hand über den Kopf, den Stab gefasst. Der Stab hängt hinter Ihrem Rücken vertikal nach unten. Fassen Sie den Stab mit der freien Hand von unten hinter dem Rücken. Ziehen Sie mit der unteren Hand den Stab nach unten und versuchen Sie dem Widerstand mit der oberen Hand entgegenzuhalten. Spannen Sie dabei den Bauch fest an. Die Übung können Sie auch mit einem Thera-Band durchführen. Dann wird aus der statischen Anspannung eine dynamische Übung.
Mit dieser Übung bleiben gleichzeitig Ihre Schultern beweglich. Wenn Sie Probleme mit dem Schultergelenk haben, dann sollten Sie daarauf verzichten.

7

4 Machen Sie Nordic Walking! Sie haben richtig gelesen. Schon wieder! Das Fett und die Cellulite an den Oberarmen bekommen Sie nur durch regelmäßiges Ausdauertraining weg. Nordic Walking ist Fettstoffwechseltraining und durch die Ellbogenstreckung und Rückführung des Armes aus der Schulter heraus bei jedem Schritt ein perfektes Straffungstraining für Ihren Triceps.

5 Schulteraußenrotatoren: Aufrecht sitzen (Sitzbeinhöckerbelastung), Arme im 90°-Winkel, Handflächen zeigen nach oben. Das Thera-Band liegt in den Handinnenflächen, locker zugreifen. Das Band ist und bleibt gespannt. Ellbogen bleiben in der Taille fixiert. Öffnen Sie die Unterarme durch eine Außenrotation in der Schulter nach außen.

Ein schönes Dekolletee bekommt man mit folgenden Übungen:

6 Gebethaltung: Legen Sie die Handflächen aneinander. Die Ellenbogen zeigen nach außen. Die Handflächen bauen gegeneinander einen mittleren Druck auf. Diese Übung kann man auch im Auto mit dem Lenkrad als Widerlager ausführen. Beispielsweise, wenn Sie an einer roten Ampel warten müssen.

7 Üben Sie sich in Liegestützen. Diese komplexe Übung hebt nicht nur Ihren Busen, Sie trainieren gleichzeitig die vordere Schultermuskulatur und die Arme. Und auch die Rumpfmuskeln bekommen noch eine extra Einheit statische Beanspruchung. Ob klassische Liegestütz oder die Einsteigervarianten mit aufgesetzten Knien, das ist egal. Ob Liegestütz an der Wand, am Arbeitstisch, am Auto, an der Parkbank oder am Baum während des Outdoor-Trainings. »Just push up«!

Bei allen Übungen gilt wieder: ruhig weiteratmen.

Beine & Po – let's go

TIPP

Hängen Sie sich einen Zettel an die Nachttischlampe. Er erinnert Sie daran, morgens sitzend an der Bettkante 20 Kniebeugen zu absolvieren. Oder in der Werbepause beim abendlichen Fernsehen.

Schöne, lange, straffe Beine wie ein Model wären schön, werden Sie aber auch mit den folgenden Übungen leider nicht bekommen. Bitte bleiben Sie realistisch und akzeptieren Sie Ihre Veranlagung. Sobald Sie das tun, wird es einfach, Ihre Beine Ihren Möglichkeiten entsprechend zu festigen.
Hier gilt das Gleiche wie beim Bauchmuskeltraining. Die Cellulite an Oberschenkeln werden Sie nur in Kombination mit Ausdauertraining reduzieren können.

Schöne Beine mit …

1 Squats: Kniebeugen trainieren die gesamte Beinmuskulatur. Entweder aus dem hüftbreiten Stand heraus Beine im Wechsel beugen und strecken oder immer, wenn Sie vom Stuhl aufstehen, eine kleine Übungssequenz einlegen. Achten Sie dabei darauf, dass die Fersen am Boden bleiben und die Knie über den Fußspitzen. Stellen Sie sich vor, Sie setzen sich auf einen Stuhl zurück, wechseln aber wieder die Bewegungsrichtung, bevor der Po die Unterlage berührt.

Variationen: Bewegungsgeschwindigkeit verändern; Abfahrtshocke; benutzen Sie ein Thera-Band, um den Widerstand zu erhöhen; einbeinige Ausführung; stehend auf dem Aero-Step (siehe S. 64).

2 Unterarmklemme: Für die Straffung der Beininnenseite setzten Sie sich auf einen Stuhl. Klemmen Sie einen Unterarm zwischen den Knien ein, so dass auf einer Seite die Hand, auf der anderen Seite der Ellbogen seitlich an den Knien liegt. Bauen Sie leichten bis mittleren Druck auf, indem Sie versuchen, die Beine gegen Hand und Ellbogen zu schließen. 10 Sekunden halten.

3 Beine öffnen gegen Widerstand: Wie Unterarmklemme nur für die Beinaußenseite. Druck kommt von den Händen, die seitlich an die Oberschenkel gelegt werden.

4 Bein abspreizen (statisch gegen Wand): Stehen Sie im Abstand von 30 cm seitlich zur Wand. Legen Sie die Fußaußenkante an die Wand und bauen Sie Druck auf. Halten Sie das Standbein leicht gebeugt und den Oberkörper aufrecht.

Für einen knackigen Po

5 Hüftstrecken: Stellen Sie sich hinter einen Stuhl oder ein Sofa. Beugen Sie sich aus den Hüften nach vorne und stützen Sie die Unterarme auf die Lehne. Spannen Sie die Rumpfmuskeln an. Beugen Sie ein Bein und heben Sie es dann gestreckt aus der Hüfte heraus nach oben, bis es mit der Wirbelsäule eine Linie bildet. Das Standbein ist leicht gebeugt. Nutzen Sie die Werbepause beim Fernsehen für diese Übung!

6 Türdrücker: Stellen Sie sich in den Türrahmen, so dass Sie einen Fuß bei angewinkeltem Bein gegen die eine Seite stemmen können. Geben Sie Druck mit den Händen von der anderen Seite.

Leiden Sie unter Bindegewebsschwäche oder Besenreisern? Oder haben Sie womöglich schon ein Venenleiden?

Dann gehören Sie zu 50 % der Frauen bzw. 25 % der Männer über 40 in der Bevölkerung. Neben genetischer Vorbelastung entstehen die Probleme bis hin zur Krampfaderentwicklung durch falsche Ernährung, Inaktivität, Dauersitzen am Arbeitsplatz und auf Reisen, Dauerstehen und falsches Schuhwerk. Erste Anzeichen können Juckreiz im Wadenbereich, Spannungsgefühl oder Kribbeln in den Beinen, geschwollene oder schwere Beine sein. Höchste Zeit, etwas dagegen zu tun. Neben der Herz-Kreislauf-Aktivierung helfen folgende Übungen zur Aktivierung der Muskelpumpe.

Fußgymnastik

7 Übungen im Sitzen (ohne Schuhe):

- Fußwippe: Von der Ferse auf den Ballen wippen.
- A-Übung: Zehen zueinander drehen, Fersen nach außen, mehrmals wiederholen.
- V-Übung: Zehen nach außen drehen, Fersen zueinander, mehrmals wiederholen.
- Vorfuß heben: rechts, links und zusammen.
- Fersen heben: rechts, links und zusammen.
- Zehenkrabbeln: Ziehen Sie Ihre Zehen in Richtung Ferse, als ob Sie ein Tuch mit Ihren Zehen aufheben wollten. Und wieder entspannen.
- Ein Taschentuch mit den Zehen vom Boden aufheben.

Danach Fußgelenke locker machen, kreisen, strecken und beugen.

Schöne Beine

8
- Laufen Sie so oft es geht barfuß.
- Vermeiden Sie tiefe Hockpositionen, Übungen mit kleinem Kniewinkel und intensive statische Muskelanspannungen.
- Beim Sitzen die Beine nicht übereinander schlagen. Das tut auch dem unteren Rücken gut!
- Immer wieder Entspannungspausen einlegen, bei denen Sie die Beine hochlegen.
- Kneippsche Anwendungen wie kalte Wassergüsse oder Wassertreten helfen. Geht auch in der Badewanne.

TIPP

Wenn Sie gerne Schuhe mit hohen Absätzen tragen, dann sollten Sie sich für den Weg zur und von der Arbeit bequemere Schuhe anziehen.

Körperbewusst & flexibel

Wahrnehmung & Beweglichkeitstraining

Sich bewusst wahrnehmen und den Körper spüren, das kann ungewohnt sein, wenn Sie lange nicht körperlich aktiv waren. Wenn Sie schon einige Übungen aus dem vorhergehenden Kapital ausprobiert haben, könnte es sein, dass Sie Muskelkater in Form von leichter Spannung oder Schmerz wahrgenommen haben. So spürt man seinen Körper natürlich am deutlichsten. Das sollte aber nicht das Ziel sein. Schulen Sie Ihre Körperantennen, damit Sie selbst kleinste Veränderungen besser wahrnehmen und bewusster reagieren können. Dadurch leben Sie intensiver!

Neben klassischen Wahrnehmungsübungen und dem Training des Beckenbodens helfen auch Übungen zur Verbesserung der Beweglichkeit, die Verbindung von Geist und Körper zu verbessern.

Die Beweglichkeit, die man meist anhand des maximal möglichen Bewegungsausmaßes eines Gelenksystems beurteilt, wird von der Dehnfähigkeit und Gelenkigkeit bestimmt. Die Dehnfähigkeit bezieht sich in der Regel auf die die Gelenke umgebenden bindegewebigen Strukturen, wie Sehnen, Bänder, Gelenkkapsel, und die Muskulatur. Die Gelenkigkeit ergibt sich aus Struktur und Form der am Gelenkaufbau beteiligten Knochen.

Körperliche Beweglichkeit hat Einfluss auf die geistige Flexibilität und ist wichtig für die innere Einstellung und das Selbstbewusstsein.

Körperbewusstsein

Sind Sie körperbewusst? Ihr Körper ist Ihnen bewusst, wenn es irgendwo zwickt oder wenn Sie sich unwohl fühlen. Dann spürt man seinen Körper ganz deutlich. Manchmal kann man gar nicht lokalisieren, woran es liegt.
Schulen Sie gezielt Ihr Körperbewusstsein, wenn es Ihnen gut geht. Das ist zwar schwieriger, aber es lohnt sich. Die »Reise durch den Körper«, die Sie am Anfang des Buches gemacht haben (siehe Seite 12 f.), ist solch eine Übung.

Körperbewusstsein und Selbstbewusstsein stehen in einem engen Verhältnis. Körper- und selbstbewusste Menschen erkennt man an einer klaren Körpersprache und an ihrer Bewegungssicherheit. Dadurch erfolgt auch das Lernen von neuen Bewegungsabläufen einfacher. Der Körper ist lernbereiter. Und in vielen Dingen auch erfolgreicher.

So verbessern Sie Ihr Körperbewusstsein

Atem bewusst wahrnehmen

1 Seitliche Brustkorbatmung: Thera-Band um den unteren Bereich des Brustkorbs legen. Das Band vor dem Körper kreuzen. Die rechte Hand hält das linke Ende und umgekehrt. Atmen Sie in die Flanken. Der Brustkorb dehnt sich dabei nach rechts und links aus. Das Band wird dabei auseinander gezogen.

2 Für Morgenmuffel: Sie sind für Kniebeugen auf der Bettkante oder Walking am Morgen nicht zu begeistern? Dann stellen Sie sich direkt nach dem Aufstehen an das offene Fenster, auch im Winter. Atmen Sie 20-mal tief ein und aus. Wo geht Ihr Atem hin? Heben sich Brust und Schultern? Das ist ein Anzeichen für psychische Anspannung. Atmen Sie tief in den Bauch hinein oder üben Sie die seitliche Brustkorbatmung. Sagen Sie dann jedem Körperteil geistig »Guten Morgen«. Beginnen Sie bei den Zehenspitzen, dann folgen Fußsohlen, Knöchel usw.

Antennen ausfahren

3 Körpereigene Antennen: Hören Sie öfter in sich hinein, z. B. nach dem Aufwachen oder kurz vorm Einschlafen. Wie fühlen Sie sich? Gereizt? Zwickt der Rückenmuskel? Oder fühlen sich die Beine schwer an? Und was ist mit dem Stechen in der Brust? Ist das mein Herz, das im Bauch oder in der Leiste schlägt?

Folgende Übungen helfen weiter

- Wahrnehmung/Übungen Beckenboden (S. 56)
- Dehnübungen (S. 58)
- Übungen mit dem Staby-Bar (S. 64)
- Übungen auf dem Aero-Step (S. 65)
- Kurz- oder Blitzentspannung (S. 76)
- Eigenmassagen (S. 80)

TIPP

Seitliche Brustkorbatmung: Atmen Sie tief in den Brustkorb ein, der sich dabei zu den Seiten dehnt, der Bauch bleibt flach.

Beckenboden trainieren

Der Beckenboden ist die Muskelschicht am unteren Ende Ihres Rumpfes – bei Männern und Frauen. Er stützt die inneren Organe und beeinflusst Harn- und Geschlechtsorgane. Die Kraft der Muskeln hat Einfluss auf Haltung, Atmung, Sexualität und gesundheitliche Probleme, die mit zunehmendem Alter beide Geschlechter treffen. Inkontinenz tritt dabei am häufigsten auf. Frauen sind stärker betroffen, denn Gebärmuttersenkung und Beckenbodenschwäche werden durch Schwangerschaft und Geburt begünstigt. Auch die Rückbildung der Blasenschleimhaut in den Wechseljahren trägt zu diesen Problemen bei.
Es werden drei Schichten unterschieden: die äußere, die mittlere und die innere, die in ihrer Gesamtheit ein Geflecht von unterschiedlichen Muskelsträngen darstellen, die das Becken nach unten abschließen. Sie bedecken den Bereich zwischen Schambein, Steißbein und den Sitzbeinhöckern. Die Schichten lassen sich einzeln anspannen.

Grundspannung in 3 Phasen

Setzen Sie sich aufrecht auf einen Stuhl, Füße aufgestellt, Sitzbeinhöcker belasten.

1 Ziehen Sie die Scheide nach innen oben wie einen Aufzug, höher und höher (innere Schicht).

2 Nähern Sie die Sitzbeinhöcker einander an, als ob Sie sie einklappen wollten (mittlere Schicht).

3 Stellen Sie sich nun vor, Sie bewegten das Schambein und das Steißbein aufeinander zu (äußere Schicht).

Zuerst ist jede Schicht einzeln an der Reihe. Spannen Sie die Muskeln so kräftig wie möglich an und versuchen Sie die Spannung ca. 10 Sekunden lang aufrechtzuhalten. Dabei ruhig weiteratmen. Dann die Phasen direkt hintereinander durchführen.
Das Schöne am Beckenbodentraining: Man kann trainieren, ohne dass jemand etwas davon merkt. Die Übungen bedürfen keiner besonderen Vorbereitung und schulen Wahrnehmung und Körperbewusstsein in hohem Maß.

Beckenboden im Alltag wahrnehmen

Auf der Toilette

1 Für die Wahrnehmung und das Training der Scheidenmuskulatur versuchen Sie beim Wasserlassen, den Harnstrahl plötzlich anzuhalten.

2 Wenn Sie den Stuhlgang bewusst zurückhalten, dann spüren Sie Ihren Afterschließmuskel.

Sitzend

3 Den queren Dammmuskel (mittlere Schicht) spannen Sie am besten sitzend an, Handflächen unter den Sitzbeinhöckern. Stellen Sie sich die Muskeln zwischen den Höckern vor. Bewegen Sie die Höcker zueinander, da wo die Fingerspitzen hinzeigen. Nicht die Pomuskeln anspannen!

4 Die äußere Schicht nehmen Sie am besten wahr, wenn Sie sich rittlings auf ein zusammengerolltes Handtuch setzen. Bewegen Sie nun das Becken nach hin-

TIPP

Versuchen Sie die Grundspannung vor Ausführung jeder anderen Kräftigungsübung aufzubauen und während der dynamischen Übungsausführung aufrechtzuhalten.

ten, so dass Sie auf Ihrem Steiß sitzen. Spüren Sie den Afterschließmuskel. Spannen Sie ihn an. Bewegen Sie dann das Becken nach vorne. Spüren Sie den Druck an der Scheide. Versuchen Sie die Scheidenmuskeln anzuspannen.

Beckenboden und Ausdauertraining

Sprungbelastungen schaden nicht nur den Gelenken. Sie belasten auch Ihr Körperzentrum. Bei bestehender Beckenbodenschwäche sollten Sie kein Jogging und High-Impact-Aerobic durchführen. Wählen Sie schonende Ausdauertrainingsformen.

Beckenboden und Krafttraining an Maschinen

Hohe Gewichtsbelastungen belasten den Beckenboden. Nach einer Geburt sollte die junge Mutter in den ersten drei Monaten maximal 5 kg Gewicht heben. Bei einer Beinpressübung mit 5 kg Belastung bekommen Sie zwar sicher einen Lachkrampf vor Unterforderung der Beinmuskeln. Geschwächte Beckenbodenmuskeln sehen das allerdings anders.
Wenn Sie bei allen Kräftigungsübungen gleichzeitig Ihren Beckenboden anspannen, haben Sie zwei Fliegen mit einer Klappe geschlagen! Den Beckenboden kann man in allen Übungspositionen mitaktivieren. Sie brauchen also keine zusätzliche Trainingszeit.

Beckenboden: Alltagsbelastungen

Beim Husten und Niesen den Beckenboden immer anspannen.
Auch im Alltag sind die Gewichtsbelastungen enorm. Denken Sie bei Belastungen, wie Wäschekorb oder Wasserkiste tragen, an das Anspannen des Beckenbodens. Auch beim Sitzen, Aufstehen vom Stuhl und Stehen.

Gelenkig und geschmeidig

Gelenkigkeit, Beweglichkeit, Dehnfähigkeit, Flexibilität stehen synonym für zwei Dinge. Zum einen ist es das Ziel, die Muskeldehnfähigkeit nach einem Training zumindest wieder auf das Ausgangsniveau zu bringen. Bei starker Muskelverkürzung ist das Ziel die Verbesserung der Dehnfähigkeit dieser Muskeln, um Verletzungen vorzubeugen. Zum anderen geht es um das Bewegungsausmaß eines Gelenkes.

Unsere Gelenke sind ganz verschieden aufgebaut und funktionieren unterschiedlich. Frauen sind beweglicher als Männer. Die erhöhte Flexibilität liegt am durchweg schwächeren, aber elastischeren Bindegewebe. Gelenkbeweglichkeit verbessern heißt, Sie verzögern Bewegungseinschränkungen und Gelenksteifigkeit und beugen muskulären Dysbalancen vor. Sowohl eine zu geringe als auch eine zu hohe Gelenkbeweglichkeit steigert die Verletzungsanfälligkeit der Sehnen, Bänder und Muskeln. Ziel ist es nicht, Gelenke in eine Überbeweglichkeit und damit hin zu einer Instabilität zu trainieren.

Je besser der aktive (Muskeln) und der passive (Sehnen, Bänder, Knochen) Bewegungsapparat funktionieren und harmonieren, also in Bezug auf Kraft- und Dehnfähigkeit aufeinander abgestimmt sind, desto besser und geschmeidiger können Bewegungen ausgeführt werden.

2

Wie dehnen?

In der Trainingslehre werden unterschiedliche Methoden beschrieben. Über die Effektivität in Bezug auf die Verbesserung der Beweglichkeit ist man sich trotz vieler Studien nicht einig. Am einfachsten durchzuführen und am entspannendsten ist das statische oder gehaltene Dehnen. Dabei nehmen Sie die Dehnposition ein, so dass eine deutliche Dehnspannung spürbar ist. Diese Position ca. 20 Sekunden lang halten. Dabei die Muskulatur entspannen und den Atem ruhig fließen lassen (atmen Sie durch die Nase ein und aus oder durch die Nase ein und den Mund aus.). Sie merken vielleicht schon, wie die Dehnspannung langsam nachlässt. Dehnen Sie dann nach! D.h., Sie gehen weiter in die Dehnposition hinein, bis Sie wieder ein deutliches, aber nicht schmerzhaftes Ziehen spüren. Wieder 20 Sekunden lang halten. Dann locker lassen und entspannen.

Wenn Sie eine Seite gedehnt haben, nehmen Sie sich bewusst Zeit zum Nachspüren. Vergleichen Sie beide Seiten miteinander: Können Sie den Unterschied spüren? Erst dann zur anderen Seite wechseln.

Übungen für zwischendurch

1 Schulter-Nacken-Bereich: Die Arme hängen locker neben dem Körper. Neigen Sie den Kopf nach rechts. Das Ohr nähert sich der Schulter. Drücken Sie die Handfläche der linken Hand Richtung Boden und schieben Sie die linke Schulter aktiv mit nach unten. Spüren Sie den angenehmen Zug in den Muskelsträngen links der Halswirbelsäule. Wiederholen Sie die Übung zur anderen Seite.

2 Rückenstrecker: Kreuzen Sie Ihre Arme und fassen Sie mit der rechten Hand an die Außenseite des linken Oberschenkels und mit der linken Hand an den rechten Oberschenkel. Wenn Sie stehen, sind die Beine leicht gebeugt. Machen Sie den Rücken rund, der Kopf fällt nach vorne. Drücken Sie die Handflächen gegen die Oberschenkelseiten. Atmen Sie tief in den Brustkorb ein. Spüren Sie eine angenehme Dehnspannung vom Hinterkopf bis in den Beckenbereich und speziell im Schulter-Nacken-Bereich.

3 Oberschenkelrückseite & Po: Stellen Sie einen Fuß etwas erhöht auf, z. B. auf einen Schemel oder die unterste Treppenstufe. Der Fuß ist locker bzw. gestreckt, das Bein im Kniegelenk gestreckt. Beugen Sie das Standbein, als ob Sie sich auf einen Stuhl setzen möchten. Stützen Sie sich auf den Oberschenkeln ab. Halten Sie den Rücken gerade. Schieben Sie die Brust nach vorne. Zieht es im Po und der Oberschenkelrückseite? Anschließend mit dem anderen Bein wiederholen.

4 Oberschenkelvorderseite: Stellen Sie sich mit dem Rücken vor einen Stuhl. Beugen Sie ein Bein und legen Sie den Fußrist auf die Sitzfläche. Beugen Sie das Standbein, ziehen Sie den Bauchnabel nach innen und kneifen Sie die Pobacken zusammen. Spüren Sie die Dehnspannung in der Oberschenkelvorderseite? Dann die Übung mit dem anderen Bein wiederholen.

3

TIPP

Pilates & Yoga
Probieren Sie die beiden Trainingsprogramme aus. Sie versprechen nicht nur lange und schlanke Muskeln, sondern machen besonders dehnfähig. Spezielle Körperübungen werden mit Dehnpositionen und Atmung zu einer Einheit gebracht.

4

Training mit Köpfchen

Koordinationstraining

Synonym für den Begriff Koordination stehen Gewandtheit oder Geschicklichkeit. Bewegungen, die koordiniert ablaufen, sind harmonisch, rhythmisch, rund und anmutig. Je öfter Sie eine neue Übung ausführen, desto koordinierter läuft die Bewegung ab, bis sie automatisch funktioniert. Ganz ohne darüber nachdenken zu müssen. Zum Beispiel wenn Sie Ihre Zähne putzen, Treppen steigen oder Rad fahren. Wenn Sie diese Bewegungen aber unter ungewohnten und erschwerten Bedingungen ausführen müssten, z. B. Zähneputzen stehend auf einem Therapiekreisel oder Radfahren in einem Parcours mit Hindernissen und diversen Tücken, würden Sie an die Grenzen Ihrer Bewegungskoordination stoßen.

Aber gerade das macht Koordination aus. Unvorhergesehene Situationen zu meistern, ohne dabei Schaden davonzutragen.

Koordinative Fähigkeiten

Man unterscheidet sieben koordinative Fähigkeiten, die im Alltag und im Sport das gute Gelingen von »Bewegung« beeinflussen: Reaktion, Gleichgewicht, Orientierung, Rhythmisierung, Differenzierung, Umstellung und Koppelung.

Wenn Sie eine Koordinationsübung einmal mit der rechten und einmal mit der linken Seite ausführen, werden Sie merken, dass Sie eine Schokoladenseite haben. Das zeigt, dass durch Übung alles möglich ist. Sie haben sich das Ungleichgewicht nämlich antrainiert.

Koordination

Besonders im Alter kommen den koordinativen Fähigkeiten eine besondere Bedeutung zu. Jeder Mensch benötigt zur eigenständigen und sicheren Ausführung aller alltäglichen Handlungen ein gewisses Niveau an Koordination. Die Anforderungen, die tagtäglich an den Körper gestellt werden, bleiben. Inaktivität und der ganz natürliche Alterungsprozess senken allerdings unsere koordinativen Fähigkeiten. Bewegungen, die früher problemlos ausgeführt werden konnten, bereiten Probleme. Vor allem die Sturzgefahr steigt mit sinkender Koordination! Wenn Sie jetzt anfangen, etwas für Ihre Bewegungskoordination zu tun, dann erhalten Sie sich Ihre Selbstständigkeit und Mobilität bis ins hohe Alter.
Für die Reduzierung der Sturzgefahr kommt der Schulung des Gleichgewichtssinns in Verbindung mit einem schnellen Reagieren eine besondere Bedeutung zu. Denken Sie an das Überwinden von Unebenheiten (Kopfsteinpflaster, nasse Blätter, Glatteis) oder das Einschätzen und Bewältigen von plötzlich auftauchenden Hindernissen, z. B. Fußgänger beim Radfahren. Es gilt, unvorhergesehene Situationen auch in zunehmendem Alter problemlos meistern zu können. Die Rolle der Orientierungsfähigkeit im Alter wird klarer, wenn man daran denkt, sich im Straßenverkehr oder beim Einkaufen oder an unbekannten Orten zurechtfinden zu müssen.

Wann haben Sie zuletzt einen Ball geprellt? Oder sind über einen Baumstamm balanciert? Sind Ihre Kinder noch kleiner? Dann schulen Sie Ihre Koordination gemeinsam.

Heute schon gekehrt? Immer wenn Sie Ihren Besen in der Hand halten, können Sie damit Ihre Reaktionsfähigkeit üben.

I Die Stabübung: Stab am unteren Ende auf Brusthöhe halten. Loslassen und versuchen, genau am oberen Ende wieder zuzupacken.

Seilspringen trainiert nicht nur Ihr Herz-Kreislauf-System und beugt Osteoporose vor. Besonders die Koppelungs-, Rhythmus- und Umstellungsfähigkeit werden geschult. Beginnen Sie mit einfachen Schwungübungen.
Denken Sie auch an Ihr Gedächtnis. Man kann nie früh genug mit »Brain Gym« beginnen.

I

TIPP

Gewöhnen Sie sich zum Ausgleich an, bestimmte Dinge einmal nur mit der vernachlässigten Seite auszuführen, z. B. ein Getränk einschenken oder den Tisch abwischen.

Alles in Balance

Die Balance halten können ist für die eigenständige und uneingeschränkte Fortbewegung von besonderer Bedeutung. Egal ob Sie »nur« gehen oder sich auf dem Fahrrad fortbewegen, ob Sie sich auf den Inline Skates versuchen oder im Winter zum Skilaufen gehen. Sie brauchen einen gut geschulten Gleichgewichtssinn, wollen Sie sich aufrecht die Berge hinunterbewegen.

Das Gleichgewichtsorgan hat seinen Sitz im Ohr. Zusammen mit taktilen und kinästhetischen Reizen erfolgt die Auswertung der Lage des Körpers und die Reaktion auf eine bestimmte Situation. Vor allem die Wahrnehmungsorgane an den Fußsohlen sind für den Stand und den aufrechten Gang von Bedeutung.

Seien Sie also gut zu Ihren Füßen und gönnen Sie Ihnen eine Extraeinheit Pflege und Gymnastik.

Das Gleichgewicht verbessern

Sie meinen, Sie haben einen guten Gleichgewichtssinn. Sehr gut. Er könnte aber noch besser sein. Sie erinnern sich sicher: Der Körper passt sich an. Wir müssen ihm eine Herausforderung bieten, damit er sich weiter verbessert. Durch Variationen der Übungen und Komplexübungen steigern Sie die Anforderungen an Ihren Körper und geben ihm die Chance, sich zu verbessern.
Nutzen Sie Hilfsmittel wie den Aero-Step, den Pezziball oder das Ballkissen. Letztere beiden können Sie gleichzeitig als Sitz- und Trainingsmöglichkeit auch im Büro verwenden. Aber nicht von 9 bis 17 Uhr darauf ein Dauersitzen veranstalten! Bei Sitzarbeitsplätzen heißt die Devise »dynamisches Sitzen«. Wechseln Sie also Ihr Sitzmobiliar und Ihre Positionen mehrmals am Tag.

Gleichgewichtsübungen

Üben Sie Ihr Gleichgewicht, wo immer es geht!

1 Einbeinstand: Stellen Sie sich öfter auf ein Bein, beispielsweise beim Telefonieren. Ziehen Sie das freie Bein so hoch, dass der Fuß die Beininnenseite auf Kniehöhe berührt. Lassen Sie die Arme dabei ganz entspannt neben dem Körper herunterhängen. Üben Sie rechts und links.

Variation 1: Einbeinstand wie oben, aber die Augen dabei schließen. Achtung: Wenn Sie merken, dass Sie das Gleichgewicht verlieren, sofort Augen öffnen.

Variation 2: Einbeinstand wie oben, nur auf einer wackeligen Unterlage, z. B. einer zusammengerollten Matte, einem Therapiekreisel oder Aero-Step. Wenn Sie diese Variante beherrschen, können Sie als Steigerung auch hier versuchen, die Augen zu schließen.

2 Wenn Sie die beiden Varianten perfekt beherrschen, dann versuchen Sie den Einbeinstand einmal während einer Bus- oder Zugfahrt, auf der Rolltreppe oder im Aufzug.

3 Balancieren Sie auf einem Bordstein oder über einen Baumstamm.

4 Standwaage: Stehen Sie aufrecht mit hüftbreit geöffneten Beinen, Arme nach oben ausstrecken. Ziehen Sie ein Bein angewinkelt bis Hüfthöhe und die Arme angewinkelt neben den Körper. Schwingen Sie das Bein nach hinten, während sich gleichzeitig der Oberkörper mit ausgestreckten Armen nach vorne bewegt. Mit einer instabilen Unterlage (zusammengerollte Matte, Aero-Step) wird es schwieriger.

5 Wackeliger Sitz: Setzen Sie sich auf einen Pezziball. Heben Sie im Wechsel einen Fuß vom Boden. Wenn das gut funktioniert, versuchen Sie es mit beiden Füßen.

6 Wackelige Unterlage: Verwenden Sie den Pezziball als instabile Komponente bei der Ausführung Ihrer herkömmlichen Kräftigungsübungen, z. B. Übungen in Rückenlage.

7 Seitstütz: Legen Sie sich auf die Seite. Stützen Sie sich mit dem Unterarm des unten liegenden Armes. Der obere Arm liegt gestreckt am Oberkörper an. Die Beine sind ausgestreckt. Kreuzen Sie das obere Bein über das untere. Der obere Fuß ist mit der Innenkante, der untere Fuß mit der Außenkante belastet. Heben Sie nun das Becken an, so dass Ober- und Unterkörper eine Linie bilden. Es wird schwieriger, wenn Sie den oberen Arm nach oben ausstrecken. Mit dieser Übung trainieren Sie gleichzeitig die seitliche Rumpfmuskulatur.

8 Absolvieren Sie mit Ihrem Rad einen Parcours: Slalom fahren, über eine Wippe u. a.

9 Lernen Sie Inlineskaten! Die älteste Teilnehmerin in meinen Einsteigerkursen war 68 Jahre alt! Hut ab, sag ich da nur. Wenn Sie jetzt einsteigen, können Sie und Ihre Fitness noch lange davon profitieren. Gleichgewichtsschulung, Muskeltraining – vor allem die Muskeln der Beinaußen- und Innenseite – und bei längeren Ausfahrten kommt auch Ihr Fettstoffwechsel gut in Fahrt. Und Ihr Selbstbewusstsein steigt ganz nebenbei. Lassen Sie sich von einem qualifizierten Instruktor einweisen. Ihre Kinder werden begeistert sein!

4

Propriozeptives Training

Eingelagert in unseren Gelenken, Muskeln, Sehnen und Bändern sind spezielle Bewegungsorgane, die Propriozeptoren. Sie nehmen alle Änderungen über die Lage der Gelenke und den Spannungszustand der Muskeln wahr. Vor allem unvorhergesehene, plötzliche Bewegungen werden reflexartig vom Rückenmark und Gehirn über unwillkürliche Systeme gesteuert. Unser Körper reagiert und die an den Bewegungen beteiligten Muskeln werden aufeinander abgestimmt. Dies nennt man auch intermuskuläre Koordination. Ziel des propriozeptiven Trainings ist es, die Schnelligkeit der Rezeptoren zu verbessern und somit die Informationen besser und zielgerichteter verarbeiten zu können.
Besonders gut lässt sich dies mit dem Staby-Bar und dem Aero-Step trainieren. Zwei neue Herausforderungen für Ihren Körper, denn sie basieren auf unterschiedlichen Prinzipien. Ein weiteres Plus bei beiden: Sie können mehrere Fähigkeiten (Ausdauer, Kraft, Koordination) gleichzeitig trainieren, ausgehend von dem optimalsten Training Ihrer Körpermitte.

1

Aero-Step

Das Training auf einem instabilen Luftkissen bewirkt, dass Ihr Körper bei jeder Bewegung um die Erhaltung des Gleichgewichts kämpfen muss. Ständig werden kleinste Gewichtsverlagerungen ausgeglichen, wodurch es zu reflektorisch gesteuerten Ausgleichbewegungen kommt. Die Propriozeptoren arbeiten auf Hochtouren bei dem ständigen Stellungswechsel der Gelenke und Spannungswechsel der Muskulatur – ein Nerven-Muskel-Training auf höchstem Niveau.
Ein weiteres Plus: Durch die Noppenoberfläche werden die Reflexzonen der Hände und der Füße stimuliert und die Durchblutung gesteigert. Wem dies unangenehm ist, kann auf die »sensitive« Variante des Aero-Steps mit glatter Oberfläche ausweichen oder man deckt den Step mit einem Handtuch ab.

1 Einstimmung: Stellen Sie sich mit beiden Füßen auf den Step. Bewegen Sie die Füße in alle Richtungen: vor und zurück, rechts und links.

2 Machen Sie verschiedene Kräftigungsübungen wie Kniebeugen, Ausfallschritt nach hinten auf den Boden, Armbewegungen (z. B. auch mit Thera-Band)

3 Gleichgewichtsübungen: Einbeinstand, Ball mit dem freien Bein seitlich vom Aero-Step bewegen.

Alles in Schwingung?

Mit dem Staby-Bar können Sie Ihren Körper endlich mal wieder fordern! Durch die Schwingung, in die Sie Ihren Körper versetzen, werden die tief liegenden, körperstabilisierenden Muskeln trainiert. In Kombination mit bewusst ausgeführten klassischen Kräftigungsübungen haben Sie ein hoch effektives Training – eine Kombination von Herz-Kreislauf-, Muskel- und Gehirnaktivierung.
Zunächst gilt es, die Schwingung optimal ausführen zu können. Und das in unterschiedlichen Bewegungsebenen.

- Stab vertikal vor dem Körper sowie seitlich.
- Stab horizontal ausgerichtet vor dem Körper auf Hüft- oder Brusthöhe, hinter dem Körper auf Pohöhe, über dem Kopf quer oder längs ausgerichtet.

Weitere Variationen ergeben sich durch die Körperpositionen (hüft- und schulterbreiter Stand, Ausfallschritt, Einbeinstand, Sitzposition, Vierfüßlerstand, Rücken-, Bauch-, Seitlage, Seitstütz) und die unterschiedlichen Griffhaltungen (ein-, beidhändig, Hammerhaltung, Ober-, Untergriff).

1 Stehen Sie im hüftbreiten Stand. Halten Sie den Stab horizontal fest, aber nicht verkrampft mit beiden Händen auf Brusthöhe vor dem Körper. Versetzen Sie den Stab durch leichte Bewegung im Ellbogengelenk in Schwingung. Die Gelenkbewegung soll so gering wie möglich sein. Versuchen Sie, den Schwungradius langsam zu steigern. Becken und Schulter sinc stabil.

2 Wie oben. Halten Sie den Staby-Bar vertikal ausgerichtet in der rechten Hand auf der rechten Seite. Der Griff ist ungefähr auf Brusthöhe.

Einsteiger sollten die Schwingung zu Beginn nur 15 Sekunden aufrecht halten. Wiederholen Sie dafür mehrmals. Steigern Sie sich jeweils um 15 Sekunden.
Wenn Sie die einfache Schwingung auf allen Ebenen zunächst mit einfachen Bewegungen auf den Ebenen (Seit-, Vorneigen, Rotation des Oberkörpers) und später mit Krafttraining kombinieren, ergeben sich tausend Übungsvariationen. Ihr Training kann so nicht langweilig werden.

1

2

15-Minuten-Programm für zu Hause

Effektiv trainieren in den eigenen vier Wänden

1

2

Wenn Sie diese 7 Übungen direkt aneinander hängen, trainieren Sie im Wechsel nach dem Oberkörper-Unterkörper-Prinzip und durchlaufen eine gut aufeinander abgestimmte Übungssequenz ohne große Positionswechsel.

Üben Sie mindestens 2-mal die Woche. Jede Übung sollte mindestens 20-mal wiederholt werden. Steigern Sie die Wiederholungszahlen ggf. langsam. Zunächst nur 1 Durchgang, nach 4 Wochen 2 Durchgänge, d. h., beginnen Sie ein 2. Mal bei der Übung 1. Nach 6 bis 8 Wochen können Sie sich an die Variationen wagen.
Atmen Sie bei der Anstrengung aus, in der Entspannungsphase wieder ein.
Material: Sie benötigen eine Matte und ein 2,5 m langes Thera-Band.

1 Lunge: Machen Sie einen weiten Schritt nach vorne. Der vordere Fuß ist flach aufgestellt, beim hinteren Fuß ist die Ferse angehoben. Der Oberkörper ist aufrecht. Beugen und strecken Sie die Beine im Wechsel. Die Bewegungsrichtung ist nach unten und oben. Achten Sie darauf, dass das Kniegelenk immer über dem Fußgelenk bleibt.
Variation: Verwenden Sie ein 2,5 m langes Thera-Band, um die Intensität zu steigern. (rot = leicht, grün = mittel, blau = schwer). Eine weitere Steigerung erfolgt mit der Verwendung eines Aero-Step (alternativ: eine zusammengerollte Matte) als instabile Unterlage unter dem vorderen Fuß.

2 Reverse Flys: Kommen Sie aus dem Ausfallschritt in den Kanutenstand, indem Sie das vordere Bein beugen und das hintere Knie auf dem Boden ablegen. Beugen Sie den Oberkörper aus der Hüfte ca. 45° nach vorne. Führen Sie die leicht gebeugten Arme aus Richtung des Unterschenkels nach diagonal hinten oben, bis hinter die Schulterlinie. Ziehen Sie dabei die Schulterblätter aktiv zur Wirbelsäule.

3 Po-Lift: Wechseln Sie nun in den Vierfüßlerstand. Legen Sie sich auf die Unterarme. Achten Sie darauf, dass die Hüftgelenke über den Knien und die Schultergelenke über den Ellbogen stehen. Spannen Sie die Rumpfmuskeln an, so dass die Wirbelsäule in ihrer natürlichen Schwingung stabilisiert ist. Strecken und beugen Sie das Bein im Wechsel. In der Streckung sollte es maximal bis Pohöhe geführt werden. Stellen Sie sich vor, die Ferse schiebt einen schweren Gegenstand weg vom Körper. Zur Intensivierung legen Sie ein Thera-Band um die Fußsohle. Halten Sie die Enden mit beiden Händen.

4 Liegestütz: Bleiben Sie im Vierfüßlerstand, aber stützen Sie sich auf den Händen ab. Hände schulterbreit und leicht nacht innen gedreht aufsetzen. Beugen und strecken Sie die Arme im Wechsel. Halten Sie Bauch und Rücken ständig angespannt.
Variation: Wandern Sie mit den Händen weiter nach vorne. Senken Sie die Hüften etwas ab, so dass der Hüftwinkel deutlich größer als 90° ist. Ausführung wie

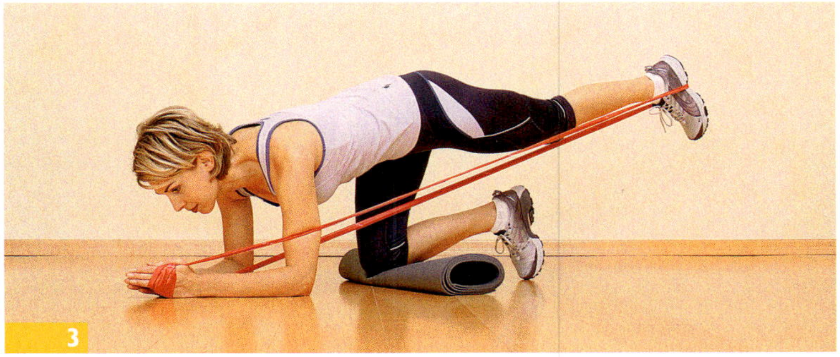

oben beschrieben. Durch die Hebelverlängerung wird die Übung schwerer. Die intensivste Variante ist der klassische Liegestütz mit gestreckten Beinen.

5 Diagonal-Lift: Bleiben Sie im Vierfüßlerstand. Strecken Sie ein Bein nach hinten aus, bis es eine Verlängerung der Wirbelsäule bildet. Stellen Sie sich vor, Sie würden mit der Ferse einen Gegenstand wegdrücken. Finden Sie Ihre Balance. Strecken Sie den Gegenarm nach vorne aus. Halten Sie diese Position 10 Sekunden. Arm senken, Bein senken und entspannen. Seitenwechsel.

6 Käfer: Drehen Sie sich in die Rückenlage. Strecken Sie Arme und Beine in die Luft und bewegen Sie sie nun im Wechsel diagonal vor und zurück. Rechtes Bein und linker Arm gestreckt, linkes Bein und rechter Arm gebeugt – und umgekehrt. Halten Sie dabei den Bauchnabel zur Wirbelsäule gezogen und den Rücken auf der Unterlage fixiert.
Variation: Intensiver wird es, wenn Sie mit Wasser gefüllte Flaschen in Ihren Händen halten. Je mehr Wasser Sie einfüllen, desto schwieriger wird es. So können Sie sich langsam steigern.

7 Stretch: Strecken und recken Sie sich in Rückenlage. Die Arme sind über dem Kopf ausgestreckt. Schieben Sie rechten und linken Arm im Wechsel etwas weiter nach oben. Dabei neigt sich der Körper leicht zur Seite. Strecken Sie dann die Arme neben dem Körper auf Schulterhöhe aus. Bleiben Sie so einige Minuten mit geschlossenen Augen liegen. Spüren Sie, welche Muskeln Sie beansprucht haben und klopfen Sie sich für Ihre Leistung vor Ihrem inneren Auge auf die Schultern.

15-Minuten-Programm fürs Büro

Topfit am Schreibtisch

Dieses Programm können Sie natürlich auch zu Hause durchführen. Wenn Sie mehr wollen oder Ihr Körper mehr braucht, wiederholen Sie das Übungsprogramm ein 2. Mal. Beginnen Sie wieder mit Übung 1. Sie können auch langsam die Wiederholungen steigern: 20, 25, 30. Wenn Sie mehr als 30 Wiederholungen einer Übung problemlos durchführen können, dann müssen Sie variieren oder sich eine intensivere Übung aussuchen.

Für alle Übungen gilt: Atmen Sie immer bei der Anstrengung aus, in der Entspannungsphase wieder ein. Bei statischen Übungen (z. B. Adler) ruhig atmen.

Material: Sie benötigen einen Stuhl, eine mit Wasser gefüllte PET-Flasche sowie ein Thera-Band.

1 Adler: Setzen Sie sich aufrecht hin. Beine etwas öffnen, Kniewinkel größer als 90°. Füße leicht ausgedreht aufgestellt. Heben Sie die Arme über den Kopf. Beugen Sie sich aus der Hüfte leicht nach vorne, so dass der gesamte Rücken gespannt ist. Kopf in Verlängerung der Wirbelsäule. Halten Sie die Position und ziehen Sie nun aktiv die Schulterblätter nach unten. Anspannung 10 Sekunden halten. Dabei ruhig weiteratmen.

1

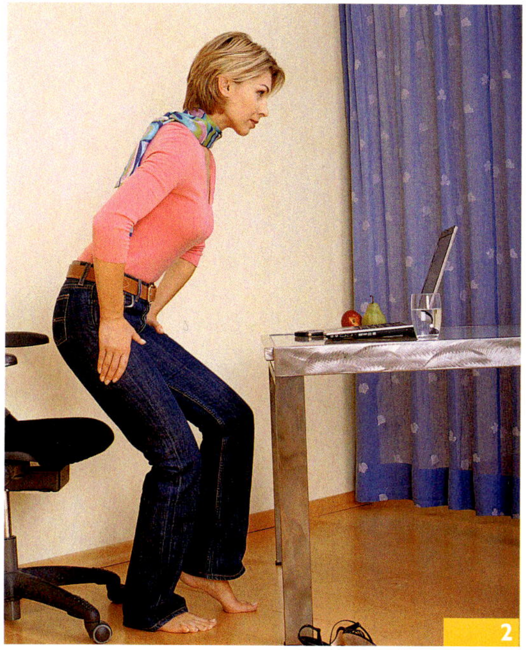

2

3

2 Squat: Stellen Sie die Füße mit der ganzen Sohle hüftbreit auf. Verlagern Sie Ihren Schwerpunkt, indem Sie den Oberkörper aus der Hüfte nach vorne neigen. Beine im Wechsel strecken und beugen. Die Knie bleiben über den Fußspitzen. Stellen Sie sich vor, Sie setzten sich auf den Stuhl zurück, wechseln aber wieder die Bewegungsrichtung, bevor der Po die Unterlage berührt. **Variation:** Einbeinig üben. Stellen Sie einen Fuß 1 Fußlänge vor den anderen mit den Spitzen auf. Das ganze Gewicht ist auf dem hinteren Bein. Beugen und strecken Sie das Bein im Wechsel. Das vordere Bein dient nur dazu, die Balance zu halten. Mindestens 20 Wiederholungen. Gut, wenn Sie mehr schaffen. Sie sollten sich am Ende der Übungssequenz noch leicht belastet fühlen.

3 Triceps Extension: Setzen Sie sich aufrecht hin. Spannen Sie die Bauchmuskeln an, indem Sie den Nabel Richtung Wirbelsäule ziehen. Nehmen Sie eine mit Wasser gefüllte PET-Flasche in beide Hände und strecken Sie die Arme über den Kopf. Die Oberarme liegen seitlich an den Ohren an. Schultern locker! Beugen und strecken Sie die Arme im Wechsel aus den Ellbogen. 20 Wiederholungen.

4 Beinpower: Legen Sie ein Thera-Band um Ihre Oberschenkel und verknoten Sie es, so dass das Band bei hüftbreit aufgestellten Beinen leicht gespannt ist. Heben Sie das rechte Bein leicht an und bewegen Sie es aus der Hüfte heraus nach außen. Wiederholung mit dem anderen Bein. 20-mal rechts, 20-mal links.

5 Diagonal-Lift: Sitzen Sie aufrecht ca. 50 cm vor dem Bürotisch. Beine etwas weiter geöffnet. Beugen Sie Ihren Oberkörper so weit gestreckt aus der Hüfte heraus nach vorne, bis Ihre Arme auf dem Tisch aufliegen. Heben Sie im Wechsel den rechten und linken Arm gestreckt an. Der Blick bleibt dabei Richtung Boden. Mindestens 20 Wiederholungen.

6 Bauch-Power: Setzen Sie sich vorne auf den Stuhl. Lehnen Sie sich leicht zurück und halten Sie sich seitlich am Stuhl fest. Heben Sie im Wechsel die Beine an. Spüren Sie die Bauchspannung. Anstrengender wird es, je gestreckter das Bein ist. Weitere Steigerung: Beide Beine gebeugt anheben. Achten Sie darauf, dass sich der Rumpf nicht mitbewegt, um die Wirbelsäule nicht zu belasten. 20-mal heben und senken im Wechsel.

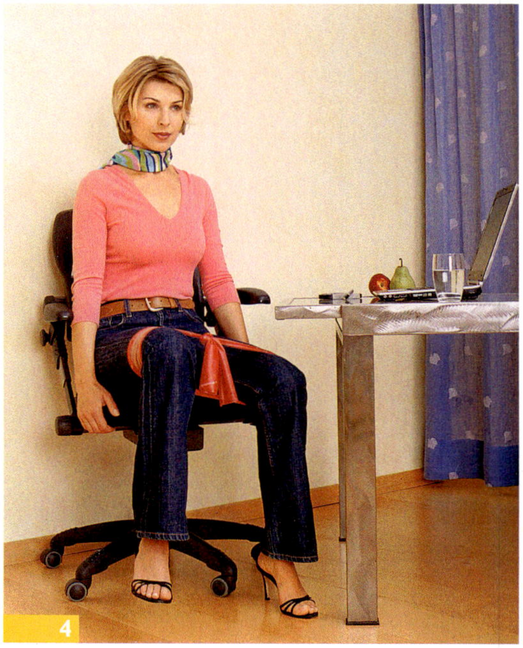
4

5

6

Gut entspannen

Das Relax-Programm für Körper & Seele

Warum entspannen?

Kampf dem alltäglichen Stress

Ständig unter Hochspannung zu stehen macht krank. Tun Sie etwas dagegen – und zwar jetzt!

Das Wort Stress ist im alltäglichen Sprachgebrauch eine der beliebtesten Vokabeln, die gegenwärtig im Zusammenhang mit Bedrohung und Beeinträchtigung des Wohlbefindens, der Gesundheit und des Leistungsvermögens des Menschen verwendet wird.

Stress wird in der Regel mit negativen Empfindungen und Begleitumständen belegt, dabei sind natürliche Stresssituationen und entsprechende Reaktionen lebensnotwendig, um in Gefahrenmomenten körperliche Reserven und Verhaltensleistungen zu mobilisieren. Man unterscheidet deshalb zwischen dem essenziellen oder lebensnotwendigen Eustress, der als angenehm empfunden wird, und dem Distress, bei dem negative innere wie äußere Stressfaktoren überwiegen.

Stressreaktionen

Die Reaktionen des Organismus auf Stress sind vielfältig und individuell verschieden ausgeprägt. Die Hirnanhangsdrüse setzt das Hormon ACTH frei, das die Nebennierendrüsen anregt, die wiederum das Stresshormon Cortisol produzieren und abgeben. Durch diese Hormonausschüttung wird die Leber angeregt, gespeichertes Glykogen (Speicherform der Glukose) in Blutzucker für eine schnellere Energiegewinnung umzuwandeln. Die Skelettmuskelspannung steigt, während die Muskeln des Verdauungstrakts entspannen, wodurch die Verdauungsvorgänge gedrosselt werden. Sie merken schon: Stress macht auch fett!

Die Atmung wird schneller und dadurch flacher. Das Herz beschleunigt seine Tätigkeit, wodurch der Blutdruck steigt. Die Haut wird schlechter durchblutet und es bildet sich vermehrt Schweiß. Da die Haut unser Seelenleben widerspiegelt, ist psychischer Druck oft sofort als Irritation sichtbar.

Nach verschiedenen Studien stehen die genannten Stressreaktionen, sofern sie gehäuft über einen längeren Zeitraum hinweg auftreten, im Verdacht, an der Entstehung psychischer Störungen und körperlicher Erkrankungen mitbeteiligt zu sein. Monotonie, einseitige Anforderungen oder Überforderung in Beruf und Alltag sind häufige Risikofaktoren. Vor allem, wenn die Möglichkeiten fehlen, Körper und Befindlichkeit wieder in Balance zu bringen. Die Langzeitfolgen sind vielfältig: Alkoholmissbrauch, hoher Zigarettenkonsum, Schlafstörungen, Depressionen, Rückenschmerzen, Magengeschwüre, Herzinfarkt uvm. Übrigens sind Frauen mittlerweile genauso gefährdet, einen Herzinfarkt zu erleiden wie Männer.

Bin ich gestresst?

Nehmen Sie sich am Wochenende eine halbe Stunde Zeit, um die vergangene Woche Revue passieren zu lassen. Das ist nicht nur ein gutes Gedächtnistraining, Sie machen sich auch klar, welche Situationen angenehm oder unangenehm waren. Als Gedächtnisstütze kann Ihnen Ihr Terminkalender dienen.

Was lässt sich verändern? Können Sie durch bessere Planung die einzelnen Tage entzerren? Oder müssen Sie nur öfter mal Nein sagen? Welche Situationen waren besonders zermürbend? Sind es immer wieder die gleichen Situationen?

Stress bewältigen

Es gibt verschiedene Ansätze, Stress zu bewältigen. Bei der problemorientierten Bewältigung gehen Ihre Bemühungen dahin, herauszufinden, in welchen bzw. durch welche Situationen Sie besonders gestresst werden.
Die symptomorientierte Bewältigung versucht, die Kopfschmerzen, Schlafstörungen usw. zu reduzieren.
Letztendlich ist die Bewältigung von Stress aber stets eine komplexe Konstellation unterschiedlicher Maßnahmen mit unterschiedlichen Zielen. Sie können zwar Ihr negatives Stresserleben durch das Erlernen einer Entspannungstechnik reduzieren. Besser wäre es aber, wenn erst gar nicht so viele negative Reize auf Sie einströmen würden.

Also: Stressprävention. Im Beruf wie in der Familie heißt das: Abbau physischer Belastungsfaktoren (wie Lärm, Hitze, Zugluft, Staub), Erhöhung der Arbeitssicherheit, Aufgabenbereicherung, Schaffung von Handlungsspielraum, Einforderung von Rückmeldungen über Ihre Arbeitsleistung, Schaffung flexibler Arbeitszeiten, Definieren der Arbeitsrollen, Verbesserung des Informationsflusses, Gespräche, Treffen gemeinsamer Entscheidungen, Erstellung von Zukunftsplänen usw.

Um dennoch die immer wiederkehrenden stressigen Situationen gelassener meistern zu können, ändern Sie Ihre Lebensweise (z. B. Tapetenwechsel, Stressfaktoren aus dem Weg gehen, Aufregung meiden, Rausch- und Genussmittel reduzieren, für guten Schlaf sorgen, körperliche Aktivität als Ausgleich) und entspannen Sie sich mit einfachen Methoden (einfach umblättern!).

Die tägliche Portion Entspannung muss einfach sein, nicht nur in besonders stressigen Zeiten – Ihrer Gesundheit zuliebe.

Kurz entspannen im Büro

Bewusst eine Auszeit nehmen

Wann nehmen Sie sich in Ihrem hektischen Tagesablauf schon mal die Zeit, um sich zurückzulehnen und ein paar Minuten zu entspannen? Sich bewusst eine Auszeit von der Arbeit bzw. nach stressigen Situationen zu nehmen, das ist das Ziel, das Sie jeden Tag haben sollten.

Die Konzentration lässt bereits nach etwa zwei Stunden nach, was Ihre Produktivität im natürlichen Biorhythmus schwanken lässt.

Möglichkeiten der Entspannung

Ich möchte Ihnen hier keine anerkannte Entspannungstechnik wie beispielsweise das autogene Training vorstellen. Diese Methoden bedürfen nämlich der regelmäßigen Übung und der Teilnahme an einem Kurs, der sich allerdings sicher lohnt.

Ich möchte Ihnen hier einfache Techniken vorstellen, die Sie sofort umsetzen können. Also, probieren Sie es gleich morgen aus!

TIPP

Wenn Sie morgens ins Büro kommen, dann stellen Sie sich Ihren »Entspannungs-Wecker«. Spätestens nach zwei Stunden sollten Sie eine Pause von einer bis zehn Minuten einlegen.

Kurzentspannung

1 Indianerschrei

Haben Sie sich mal wieder über etwas geärgert? Fressen Sie es nicht in sich hinein. Die Türen knallen zu lassen, ist aber auch keine gute Lösung. Schreien Sie lieber Ihren Frust lautlos hinaus. Stellen Sie sich mit schulterbreit geöffneten Beinen aufrecht hin. Schließen Sie die Augen. Atmen Sie tief in den Bauch hinein. Beim Ausatmen machen Sie einen lautlosen Schrei. Wie Sie dabei aussehen ist völlig egal! Hauptsache, Sie lassen Ihre negative Energie aus sich heraus.

2 Rückenmassage an der Wand

Nehmen Sie einen Igelball zur Hand. Legen Sie ihn zwischen Ihren Rücken und eine Wand, immer wieder an andere Positionen. Massieren Sie Ihren Rücken, indem Sie die Beine beugen und strecken, das Gewicht nach rechts und links verlagern und Ihren Oberkörper gegen den Ball kreisen lassen.

3 Entspannung zu Musik

Legen Sie sich in die Stufenlagerung (Beine hoch) auf den Boden. Die Beine sind im 90°-Winkel abgelegt, die Unterschenkel auf einem Stuhl oder Hocker positioniert. Schließen Sie die Augen und lassen Sie sich von der Musik lockern. Vielleicht wollen Sie in dieser Position auch ein paar Dehnübungen durchführen.

4 Fußmassage mit Igelball

Ziehen Sie Ihre Schuhe und ggf. Ihre Strümpfe aus. Legen Sie 2 Igelbälle auf den Boden und rollen Sie die Bälle mit Ihren Füßen in alle Richtungen. Die Noppen an den Bällen fördern die Durchblutung und stimulieren die Reflexzonen.

5 Entspannung in der Mittagspause

Spätestens die Mittagspause sollte aktiv zum Regenerieren genutzt werden!

6 15-Minuten-Schlaf

Dieser Kurzschlaf wird auch Power-Nap genannt. Er funktioniert natürlich nur, wenn Sie ein eigenes Büro oder eine Möglichkeit haben, sich in einen abgeschlossenen Raum, den Sie abdunkeln sollten, zurückziehen können. Es sollte eine weiche, bequeme Unterlage zur Verfügung stehen, auf der Sie es sich gemütlich machen können. Wenn Sie allerdings durch kurze Schlafphasen noch müder werden, dann ist das nichts für Sie. Wichtig: Der Power-Nap darf nicht länger als 15 Minuten sein.

7 Progressive Muskelrelaxation (PMR) nach Jacobson

Bei dieser Technik geht es darum, durch Anspannung Entspannung zu erfahren. Kaufen Sie sich eine Entspannungs-CD, die Sie in die Technik einweist. Oder Sie besuchen einen Kurs. Vorteil: schrittweise Einführung in die Methode und Kontakt zu Gleichgesinnten.

8 Entspannungsdehnsequenz

Führen Sie Dehnübungen für jeden Körperbereich durch. Beginnen Sie bei den Füßen und beenden Sie die Kurzsequenz mit der Nackenmuskulatur.

9 Entspannungsspaziergang

Nutzen Sie die Mittagspause bewusst für einen Spaziergang an der frischen Luft. Wie wäre es einmal mit einem Picknick im Freien? Aber nicht nur bei schönem Wetter kann man die Pause nach draußen verlegen. Ein warmer Sommerregen oder ein kühler Wintertag haben auch ihre Reize und Sie erleben die Natur in unterschiedlichen Facetten.

10 Mobile Massage am Arbeitsplatz

In vielen Firmen bieten mittlerweile selbstständige Masseure eine spezielle Form der Massage an: die Stuhlmassage. Ohne sich entkleiden zu müssen, wird man auf einem speziellen Stuhl etwa 20 Minuten lang fachgerecht massiert. Einmal im Monat kann man sich so etwas schon gönnen.

TIPP

Nutzen Sie die Zeit im Auto, im Bus oder in der Bahn auf dem Weg zur Arbeit, um sich zu entspannen. Gleiches gilt für »tote« Zeiten, z. B. am Kopierer.

Entspannungsplan fürs Büro

Relaxen am Arbeitsplatz

Gerade wenn Sie viel am PC arbeiten und vielleicht noch ungünstigen Lichtverhältnissen ausgesetzt sind, dann können Sie Ihre Augen durch folgende Übungen entspannen.

1 Augen-Yoga

Zur Aktivierung, Kräftigung und Dehnung der Augenmuskeln sitzen oder stehen Sie aufrecht. Richten Sie Ihren Blick ohne den Kopf zu bewegen im Wechsel nach oben und unten. Mehrmals wiederholen. Spüren Sie den Wechsel von Anspannung und Dehnung.
Weitere Augenbewegungen: nach rechts und links im Wechsel, diagonal, kreisende Bewegung, eine Acht mit den Augen malen.

2 Palmieren

Zur Entspannung der Augen sitzen Sie aufrecht. Reiben Sie Ihre Hände mehrmals aneinander. Stützen Sie die Ellbogen auf den Tisch vor Ihnen. Bedecken Sie mit den Handballen Ihre Augen, die Finger kreuzen sich dabei über der Stirn. An Ihre Augen sollte kein Licht mehr herankommen. Schließen Sie die Augen und atmen Sie entspannt ein und aus. Was nehmen Sie wahr?

2

3 Nah und fern

Sitzen Sie aufrecht. Die rechte Hand deckt das rechte Auge ab. Schließen Sie das Auge zusätzlich. Strecken Sie den linken Arm mit nach oben gerichtetem Daumen nach vorne. Der Blick geht zur Fingerspitze. Den Daumen im Wechsel bis 10 cm vor das Auge führen und wieder nach vorne strecken. Der Blick folgt dem Finger. 10-mal wiederholen.

4 Kurz- und Blitzentspannung

Setzen Sie sich aufrecht auf einen Stuhl. Füße aufgestellt. Spüren Sie Ihre Sitzbeinhöcker. Die Hände liegen locker auf den Beinen. Schließen Sie Ihre Augen. Atmen Sie durch die Nase ein und aus. Beobachten Sie, wohin der Atem fließt.
Spannen Sie als Erstes Ihre Hände und Arme ganz fest an, indem Sie sie heben wie ein Bodybuilder beim Posing (Oberarm waagerecht zur Seite auf Schulterhöhe, Unterarm 90° nach oben). Und Arme wieder fallen lassen, Hände entspannt auf den Oberschenkeln. Spüren Sie den Unterschied? Vielleicht ein Kribbeln in den Händen und Unterarmen? Noch 1-mal wiederholen.
Runzeln Sie nun die Stirn, rümpfen Sie die Nase, beißen Sie die Zähne zusammen und ziehen Sie die Schultern bis an die Ohren. Und wieder alles hängen lassen. Noch 1-mal wiederholen. Spüren Sie, wie locker die Schultern jetzt sind?
Nun geht die Aufmerksamkeit in den Po, die Beine und die Füße. Kneifen Sie den Po und drücken Sie die Fußsohlen in den Boden. Spannung kurz halten und locker lassen. Spüren Sie einen Unterschied? Gleich nochmal.
Lassen Sie nun von den Füßen ausgehend die Entspannung sich ausbreiten. Über Beine, Po, Bauch, Schulter,

4

6

5

7

Nacken, Gesicht, Arme, Hände bis in die Fingerspitzen. Genießen Sie das Gefühl der Entspanntheit und Ruhe. Zum Zurückkommen ballen Sie Ihre Fäuste. Beugen und strecken Sie die Unterarme mehrmals. Räkeln und strecken Sie sich. Öffnen Sie die Augen.
Bei dieser Kurzform der progressiven Muskelentspannung spannen Sie alle Körperteile gleichzeitig an. Also: Einstimmung, alles anspannen, entspannen, wiederholen, Unterschied spüren und Zurücknehmen.

5 Sprung in die Wachheit

Stehen Sie aufrecht mit hüftbreit geöffneter Fußstellung. Legen Sie die Hände auf Ihren Bauch. Schließen Sie die Augen und spüren Sie, wie Ihr Atem in den Bauchraum fließt und entschwindet. Beim nächsten Ausatmen springen Ihre Füße nach außen, die Arme strecken Sie auf Schulterhöhe zur Seite, Sie machen Ihre Augen weit auf und schreien »Ha!«.

6 Klopfmassage

Massagen fördern die Durchblutung, aktivieren und steigern die Aufnahmefähigkeit.
Sitzen oder stehen Sie aufrecht. Klopfen Sie mit der flachen Hand zunächst Ihre Arme bis zu den Schultern ab. Beginnen Sie auf der Kleinfingerseite und arbeiten Sie sich an der Armaußenseite hinauf bis zur Schulter, drehen Sie den Arm und klopfen Sie an der Arminnenseite wieder bis zur Handwurzel.

7 Schattenboxen

Wenn Sie richtig Energie ablassen müssen, dann versuchen Sie es doch mal mit Schattenboxen. Gerade, Haken von der Seite oder unten, Abtauchen. Achten Sie darauf, dass die Ellbogengelenke bei allen Bewegungen immer leicht gebeugt bleiben, um sich nicht zu verletzen.
Führen Sie die Bewegungen ohne festgelegte Reihenfolge zügig hintereinander aus.

Einfach entspannen zu Hause

Machen Sie es sich gemütlich!

Das Schlimmste, was Ihnen passieren kann, ist, dass Sie von der einen Stresssituation »Arbeit« in das nächste Chaos »zu Hause« hineinschlittern. Ihr Heim sollte ein Ort sein, an dem Sie es sich so richtig gemütlich machen und auch mal »alle Fünfe gerade sein lassen« können.

Wenn Sie an Entspannung denken, dann sollten Sie nicht Ihren nächsten Wellness-Urlaub oder den Aufenthalt auf einer Schönheitsfarm im Kopf haben, denn Sie können sich auch ganz einfach zu Hause entspannen.

Üben Sie sich in Gelassenheit, gerade wenn Sie noch kleinere Kinder haben.

Auch zu Hause immer schön gelassen bleiben

Natürlich ärgert man sich, wenn man das Gefühl hat, nur man selbst ist für alles verantwortlich. Sprechen Sie mit Ihrem Partner oder Ihren Kindern über die Situation. Nur wenn jeder weiß, was von ihm erwartet wird, dann kann man auch etwas ändern.

Aber nun zu Ihrer Entspannungs-Oase zu Hause. Gönnen Sie sich mindestens einen Verwöhnabend unter der Woche und einen am Wochenende. Sprechen Sie das in der Familie ab und gewähren Sie Ihrem Partner die gleiche Freiheit. Engagieren Sie ganz bewusst jemanden, der auf die Kinder aufpasst oder etwas mit ihnen unternimmt, damit Sie Zeit für sich haben.

TIPP

Kleben Sie an die Eingangstür einen ***Relaxi*** *(z. B. einen Smily). Bevor Sie die Wohnung oder Ihr Haus betreten, werden Sie daran erinnert, gelassen zu bleiben. Egal, was sich hinter der Tür verbirgt.*

Vorbereitungen

- ggf. kleine Kinder beschäftigen oder Babysitter organisieren
- Telefon leise stellen und Klingel abstellen
- Entspannende Musik auflegen
- Material für Ihre »Zeit für mich« vorbereiten

Mit den **Wellnesstipps für zu Hause** tanken Sie neue Energie und entfliehen der Alltagshektik – und ganz nebenbei pflegen Sie Ihren Körper.

1 Peeling

Ein Peeling (Gesicht oder Körper) sollte vor jeder Maske oder Körperpflegeanwendung durchgeführt werden. Ein wesentlicher Bestandteil einer Peelingkur ist das Bürsten der Haut. Es befreit die Hautoberfläche von Schmutzpartikeln, Fettrückständen und abgestorbenen Zellen. Dadurch wird die Haut optimal auf die folgende Behandlung, das Auftragen, Aufnehmen und Verwerten von Pflegeprodukten, vorbereitet. Gönnen Sie sich 1-mal pro Woche ein Gesichtspeeling und anschließend eine Pflegemaske. Ihren Körper können Sie jeden Tag, und sei es nur für 5 Minuten, abbürsten. Verwenden Sie einen Sisal- oder Luffahandschuh, ein Handtuch, einen rauen Schwamm oder eine harte Bürste. Bürsten Sie immer zum Herzen hin nach folgendem Schema: Beginnen Sie mit kreisenden Bewegungen an den Füßen, Knöcheln und Beinen, dann über Hände, Arme und Schultern, nun langsam den Rücken hinunter und den Oberkörper rauf bis zum Herz.

2 Masken
Sie nähren und versorgen die Haut mit den nötigen Vitaminen und Mineralstoffen. Je pastöser eine Maske, desto intensiver ihre Wirkung auf die Haut.

3 Massage
Massieren Sie sich, das Gesicht, Hände und Füße und den Nacken. Noch besser: Lassen Sie sich massieren. Bei einer Partnermassage kann man sich richtig gehen lassen und sie regt an zu mehr.

4 Fußbäder
Tragen Sie gerne hohe Absätze? Dann gönnen Sie Ihren müden und strapazierten Füßen ab und an eine Extrabehandlung.

5 Entspannungsbad
Zur Entspannung, zum Abbau von Stress und zur Vorbereitung des Körpers auf den Schlaf dienen abendliche Bäder, am besten gegen 21 Uhr.

- Die optimale Temperatur hierfür liegt bei 37–39 °C.
- Haben Sie einen stressigen Tag oder eine anstrengende Trainingseinheit hinter sich und wollen Muskeln und Gelenke entspannen, dann wählen Sie eine Temperatur zwischen 40 und 42 °C.
- Die Badedauer sollte 20 Minuten nicht übersteigen.
- Einfacher Badezusatz: Geben Sie 500 g Totes-Meer-Salz (im Supermarkt oder in der Drogerie erhältlich) in die Wanne. Es entzieht dem Gewebe überschüssige Flüssigkeit.
- Cremen Sie sich direkt nach dem Baden (die Haut sollte noch feucht und warm sein) mit einer auf Ihren Hauttyp abgestimmten Creme ein.
- Versorgen Sie Ihren Körper mit Flüssigkeit, idealerweise mit Mineralwasser oder Kräutertees.
- Achten Sie darauf, dass Sie möglichst mit leerem Magen baden.

6 Kräuterbäder sind für Leib und Seele sehr entspannend und entgiften den Körper. Je nach Wirkung, die erzielt werden soll, wählt man ein Kraut oder eine Kombinationen verschiedener Kräuter.

7 Bäder mit ätherischen Ölen sind besonders belebend für die Haut und durch die Vielfalt an ätherischen Ölen können unterschiedliche Wirkungen erzielt werden. Verwenden Sie generell nur hochwertige Öle. Damit das Öl nicht als Film an der Wasseroberfläche schwimmt, fügen Sie dem Badewasser einen Schuss flüssige Olivenölseife oder ein sehr mildes Shampoo hinzu.

Die Palette an duftenden Wohlfühlaromen für Bad und Massage ist vielfätig.

Entspannungsplan für zu Hause

Das Wohlfühlprogramm

Eigenmassage

Hände oder Füße jeden Tag, z. B. vor dem Schlafengehen, massieren. Verwenden Sie Olivenöl (kräftigt die Nägel) oder ein anderes gutes Trägeröl mit einem entspannenden Aromaöl, z. B. Lavendelöl (50 ml Öl mit maximal 10 Tropfen ätherischem Öl).

1 Hände

Verreiben Sie das Öl in den Händen. Streichen Sie zunächst von der Handinnenfläche zu den Fingern. Beginnen Sie dann am Daumen und massieren mit dem anderen Daumen in kreisenden Bewegungen. Drücken Sie den Finger mit Daumen und Zeigefinger seitlich sowie oben und unten ab. Streifen Sie den Finger von der Wurzel zum Nagel hin ab. Bei allen Fingern wiederholen. Am Ende streichen Sie die ganze Hand von der Handwurzel bis zu den Fingerspitzen aus. Jetzt die andere Hand.

1

2 Füße

Massieren Sie die Füße z. B. nach einem Fußbad. Zunächst Öl verreiben. Dann beginnen Sie an der Ferse. Umfassen Sie den Fuß mit beiden Händen. Die Daumen liegen auf der Fußsohle und massieren mit kreisenden Bewegungen Richtung Zehen. Bearbeiten Sie jeden Zeh wie bei den Fingern beschrieben. Streichen Sie am Ende die Fußsohle zu den Zehen hin aus. Dann folgt der andere Fuß.

3 Ayurvedische Fußölung

2 Esslöffel Sesamöl im Wasserbad erwärmen, bis es lauwarm ist. Füße damit massieren, dann Strümpfe überziehen und sich ins Bett legen.

4 Gesicht

Geben Sie etwas Gesichtsöl oder Nachtcreme auf Ihre Zeige- oder Ringfingerspitzen. Massieren Sie in der angegebenen Reihenfolge mit kreisenden Bewegungen folgende Energiepunkte: das Dritte Auge (Stirnmitte), Augenbrauenbogen, Schläfen, Vertiefung an den Nasenflügeln, Kinngrübchen, Mundwinkel, Schläfen. Wiederholen Sie die Abfolge mit etwas mehr Druck.

Masken

5 Nährende Maske

Folgende Maske verbessert Ihre Hautstruktur, mildert Altersflecken und hilft, hauteigenes Kollagen aufzubauen. 1/2 Tasse vollfette Sahne, 1 Karotte (gekocht und zerdrückt), 1 Avocado (geschält, entkernt und zerdrückt) und 3 Esslöffel Honig in einer Schüssel mischen, auf Gesicht, Hals und Dekolletee auftragen. Entspannen Sie sich 15 Minuten auf der Couch und spülen Sie anschließend die Maske mit kaltem Wasser ab.

6 Gewebe verjüngende Maske

4 Esslöffel Kichererbsenmehl (steigert die Durchblutung, wirkt Gewebe verjügend) und eine reife, zerdrückte Banane (hilft Schwellungen und Rötungen zu mildern) zu einer Paste verrühren und 1 geschlagenes Ei (schließt die Poren) hinzugeben. Die Masse auf Gesicht und Hals auftragen, 15 Minuten entspannen und danach die Maske mit warmem Wasser gründlich abspülen.

Fußbäder

Für Ihr individuelles Fußband nehmen Sie ein oder mehrere der folgenden Kräuter: Lavendel, Kiefer, Rosmarin, Salbei, Schwarzwurzel und Holunderbeeren.

7 Kräuterfußbad

Mischen Sie 2 Tassen frische oder 1 Tasse getrocknete Kräuter mit 8 Liter kochendem Wasser. 20 Minuten ziehen lassen. Flüssigkeit durch ein Sieb in eine Fußwanne gießen. Füße 20 Minuten darin entspannen. Danach gut abtrocknen.

Entspannungsbäder

Schaffen Sie die richtige Atmosphäre mit Duftkerzen, Blüten und einem gerollten Handtuch für den Nacken.

8 Schlafförderndes Nerolibad

Geben Sie 10 Tropfen ätherisches Neroliöl ins Badewasser. Es wirkt krampflösend, beruhigend und hilft gegen Schlaflosigkeit.

9 Beruhigendes Wacholder-Geranien-Bad

6 Tropfen ätherisches Wacholderöl (besitzt heilende Eigenschaften für Immunsystem, Kreislauf, Verdauungstrakt und Haut; hilft geistige Erschöpfung zu bekämpfen und Ruhe einkehren zu lassen) mit 6 Tropfen ätherischem Geranienöl (gleicht den Hormonhaushalt aus) vermischen und dem Badewasser zugeben.

10 Stress reduzierendes Hydrotherapie-Bad

1/2 Tasse getrocknetes Algenpulver (reich an Jod und Eiweiß, wird über die Poren aufgenommen und an die Körperzellen weitergegeben: Entgiftung, Belebung, Remineralisierung, Anregung des Körpers) und/oder 1/4 Tasse Aloe-vera-Gel (beruhigende und regenerierende Effekte auf geschädigte, trockene Haut) ins Wasser geben.

11 Beruhigendes Lindenbad

Je 1/4 Tasse getrocknete Lindenblüten, getrocknete Schwarzwurzeln, getrocknete Schafgarbe mischen und dem Badewasser zugeben. 2 Esslöffel Hafermehl einrühren, um das Wasser weicher zu machen.

12 Anregendes Bad

Je 1/4 Tasse Basilikum (zur Regeneration geistiger Kräfte), Eukalyptus (bei Konzentrationsschwäche) und Pfefferminze (zur Linderung geistiger Erschöpfung) ins Badewasser geben.

8

5

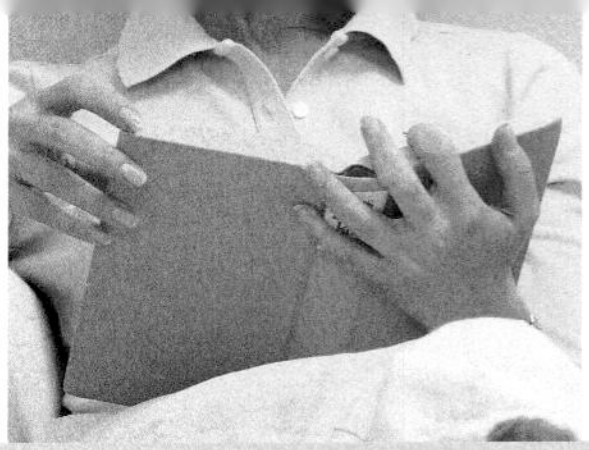

Gut leben

Damit Sie sich rundum wohl fühlen

Innere Balance

Der Schlüssel zu positiven Beziehungen in unserer Umwelt heißt inneres Gleichgewicht und mit sich selbst im Reinen sein. Unser psychisches Gleichgewicht spielt auch eine entscheidende Rolle bei der Umstellung von Verhaltensweisen, sei es in Bezug auf Ernährung und Bewegung oder um endlich mit dem Rauchen aufzuhören. Doch wie entkomme ich dem Teufelskreis »Ich fühle mich schlecht, dann esse ich mehr. Dadurch nehme ich zu, ich fühle mich noch schlechter und esse noch mehr.«?

Selbstakzeptanz und Zufriedenheit

Der erste Schritt: Mögen Sie sich und Sie werden sich selbst besser akzeptieren können, zufriedener sein und vor allem schneller Ihre Ziele erreichen. Nehmen Sie jede kleinste positive Veränderung an sich als Motivation, weiterzumachen. Klopfen Sie sich jeden Abend auf die Schulter für das, was Sie geschafft haben.

Spiegelübung: Stellen Sie sich vor einen großen Spiegel. Schauen Sie sich nun von allen Seiten ein paar Minuten lang an. Ganz genau. Was denken Sie? Sind die Oberschenkel zu dick? Stopp! Der Kopf ist rund, damit die Gedanken die Richtung ändern können! Nutzen Sie diese Möglichkeit.

Selbstbewusst und lebensfroh

Je näher Sie an Ihr Ziel kommen, desto selbstbewusster werden Sie. Lächeln Sie, wann immer Sie können. Sie brauchen keinen besonderen Anlass! Durch ein Lächeln setzen Sie viele positiv wirkende Hormone frei, die Sie jünger machen. Also strahlen Sie, dann strahlt auch die Welt zurück!

Die Macht der Gedanken

Die innere Einstellung und Ihren Lebensstil zu verändern, geht ganz einfach, wenn Sie das denken! Wenn Sie sich aber generell sagen, Bewegung macht keinen Spaß, dann ist das wohl so. Sie denken, Sie schaffen es sowieso nicht, Ihr Ziel zu erreichen? Dann schaffen Sie es auch nicht. Legen Sie das Buch am besten gleich zur Seite und vergessen Sie alles, was Sie gelesen haben. Die Welt ist nämlich das, was Sie von ihr denken. Denken Sie hingegen »Ich schaffe alles, was ich anpacke«, dann stimmt auch das und Ihr Tag verläuft in Balance.

Genießen ohne Risiko

Rauch- und alkoholfrei

Hand aufs Herz: Sind Sie eine »Couchpotatoe«, die sich trotz ihrer sitzenden Tätigkeit bei der Arbeit abends nur noch vor den Fernseher setzt und die Tüte Chips, das Bierchen, die Schokolade oder ein paar Zigaretten schmecken lässt? Ist das Ihre Art zu genießen?

Zigarette ade!

Sie wissen, dass Rauchen Ihrer Gesundheit schadet. Die Auswirkungen von langfristigem Nikotinkonsum stehen mittlerweile groß auf den Zigarettenschachteln. Trotz des erhöhten Risikos, an Lungen- oder Kehlkopfkrebs zu erkranken und trotz gelber Finger, gelber Zähne, nach Tabakqualm riechender Kleidung und Haare, rauchen immer mehr Frauen.

Frauen sind mittlerweile ebenso häufig gefährdet, einen Herzinfarkt oder Schlaganfall zu erleiden, wie Männer. Die Kombination Rauchen und schwache Venen (bei jeder zweiten Frau ab 40) birgt ein erhöhtes Risiko, eine Thrombose (Blutgerinnsel) zu entwickeln. Kommt der Faktor Antibabypilleneinnahme noch hinzu, steigt das Risiko sprunghaft weiter an.

Sie sollten sich das Rauchen abgewöhnen. Versuchen Sie wenigstens Ihren Konsum zu reduzieren. Und nicht gleich verzweifeln, wenn Sie mal rückfällig werden. Haben Sie keine Angst, Sie könnten zunehmen. Wenn Sie sich gleichzeitig gut ernähren und regelmäßig bewegen, werden Sie die Umstellung meistern. Probieren Sie es aus!

Während beim Rauchen gilt, »am besten gar nicht erst anfangen«, kann man für den Alkohol die Maxime »alles in Maßen« gebrauchen. Solange es beim Glas Rotwein am Abend bleibt! Die antioxidativen Eigenschaften von Rotwein gelten nämlich als vorbeugend gegen Herz-Kreislauf-Erkrankung. Die darin enthaltenen Flavonoide scheinen das schlechte LDL-Cholesterin zu reduzieren. 3–4 Gläser pro Woche sind aber genug. Erhöhter Alkoholkonsum (= 2 Bier oder ½ Liter Wein pro Tag) stört die Vitaminaufnahme bzw. es werden Vitamine vermehrt aus dem Körper geschwemmt. Wenn Sie gerne ein Gläschen mehr trinken, dann achten Sie auf eine ausreichende Versorgung mit Vitamin A, B_1, B_6, B_{12}, Nicotinsäureamid, Vitamin C, Folsäure, Magnesium und Zink.

Wenn Sie unbedingt Alkohol trinken müssen, dann bleiben Sie bei einer Alkoholsorte. Hochprozentiges sollten Sie generell meiden. Und ein erhöhter Bierkonsum zeigt sich langfristig in Form von Ringen um den Bauch.

Zu viel getrunken? Dann trinken Sie 500 ml Wasser, bevor Sie ins Bett gehen. Damit beugen Sie einem Kater vor.

Es geht auch ohne Alkohol: Genießen Sie alkoholfreies Bier und Saftcocktails, aber nicht bedenkenlos, denn auch diese Getränke enthalten Zucker/Kalorien. Der Saft aus roten Trauben schützt übrigens genau wie Rotwein die Gefäße und ist ein wahrer Radikalefänger.

Mein Tipp für Sie: Essen Sie **Sonnenblumenkerne**! Sie erhöhen die Menge der Antioxidanzien in der Flüssigkeit der Lungenbläschen und reduzieren die Aktivität der durch Rauch entstandenen freien Radikale.

Und noch ein Tipp: Nehmen Sie den lebenswichtigen und vitaminartigen Mikronährstoff **Coenzym Q10** zu sich. Er wirkt antioxidativ und wirkt sich positiv auf das geistige Wohlbefinden aus. Also kein Grund mehr, zum Glimmstängel zu greifen. Probieren Sie es doch mal aus!

Ruhe & Schlaf

Schaffen Sie ein ausgewogenes Verhältnis zwischen Aktion und Ruhe in Ihrem Leben. Sie können nicht Ihr ganzes Leben durchpowern. Es ist zwar nachgewiesen, dass Menschen verschieden mit Belastungen umgehen und dadurch auch unterschiedlich viele Ruhephasen und Schlaf benötigen. Aber wenn Sie zu den Menschen gehören, die Schlaf für ebenso unnötig halten wie Bewegung, dann werden Sie nicht lange Spaß am Leben haben. Unsere Lebenserwartung wird nämlich durch unsere Schlafdauer und die Qualität der Nachtruhe beeinflusst. Wenn Schlaf zu einer Mangelware wird, dann schüttet der Körper Stresshormone aus, die den Alterungsprozess ankurbeln.

Wie viel Schlaf braucht der Mensch?

Weder zu viel (mehr als neun Stunden) noch zu wenig (weniger als sechs Stunden). sechs bis neun Stunden sollten es sein. Nächtliches Erwachen kann von der Art und Weise abhängen, wie Sie einschlafen, wie hoch die Raumtemperatur (optimal sind 15–18 °C) und der Geräuschpegel ist. Entscheidend ist, ob Sie in Ihre Tiefschlafphase kommen. Hier bildet der Körper Ihre Tagesration des Wachstumshormons (HGH), das Anti-Aging-Hormon schlechthin. Aber nicht nur ausreichend Schlaf ist wichtig. Abschalten vom alltäglichen Informationswirrwarr und den Gedankenstürmen rund um Unerledigtes – das ist die Kunst.

Schlaf-Tipps:

- Ruhephasen bewusst in den Tagesablauf einplanen, z. B. in der Stufenlagerung. Das tut auch Ihrem Rücken gut und entlastet die Venen.
- Machen Sie eine Entspannungsübung direkt nach der Arbeit.
- Lassen Sie den Tag ruhig ausklingen! Hören Sie ruhige Musik oder lesen Sie ein Buch.
- Schlafen Sie schlecht? Dann sollten Sie Ihr Ausdauertraining auf den Abend legen. Der Schlaf ist danach meist tiefer und erholsamer.
- Machen Sie leichte gymnastische Übungen vor dem Schlafengehen!
- Nehmen Sie ein Entspannungsbad (bewirkt eine Reduktion des Stresshormons Adrenalin) und fügen Sie 5 Tropfen Lavendelöl hinzu.
- Sind Sie müde? Dann gönnen Sie Ihrem Körper Schlaf, auch wenn es erst 21 Uhr ist.
- Essen Sie Blattsalat! Der Milchsaft enthält das milde Sedativ Lactucarium, was gegen Überreizung und Schlaflosigkeit hilft.
- Trinken Sie am Abend Kamillentee! Er entspannt, hilft gegen Schlaflosigkeit und beugt allgemeinen Schlafstörungen vor.

Die Stufenlagerung entspannt den Rücken und entlastet die Venen.

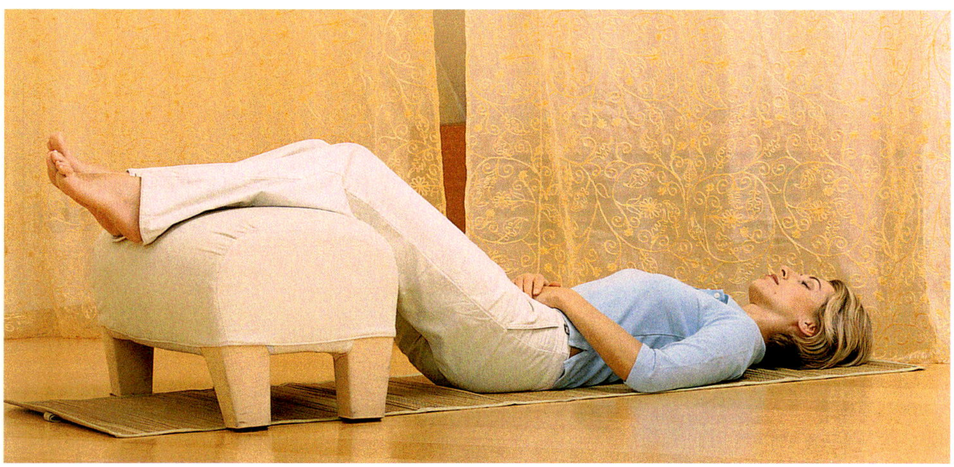

Hautnah!

Lassen Sie sich nicht gehen

Die Haut erneuert sich ständig von innen nach außen, sie ist damit unser »jüngstes« Organ, das vielfältigen Belastungen ausgesetzt ist. Der Alterungsprozess wird besonders im Gesicht und an den Händen deutlich, aber auch Bauch, Brust und Oberarme zeigen deutliche Spuren bei Vernachlässigung. Ein »glattes« Äußeres ist für alle ab 30 eine Illusion, denn in dieser Zeit entstehen erste Falten. Die Bindegewebsspannung lässt nach und die Fettschicht unter der Haut bildet sich zurück. Nicht nur der Po erschlafft mit steigendem Alter. Auch die Gesichtsmuskeln wollen trainiert werden. Besonders am Dekolletee und an den Händen ist die Haut dünn und mit wenig Unterhautfettgewebe gepolstert.

Das Ernährungsverhalten hat einen entscheidenden Einfluss, wie viel Nachschub neuer Zellen aus den untersten Hautschichten nachkommt und welche Qualität diese Zellen haben. Pflegen und bewegen Sie sich regelmäßig, ernähren Sie sich gesund, dann sehen Sie rundum gut aus!

Pflege-Tipps:

- Reinigen Sie Ihre Haut gründlich. Befreien Sie sie von Schmutz, Make-up und überschüssigem Fett.
- Mindestens 1-mal pro Woche die Haut verwöhnen mit Dampfbad, Peeling, Maske & Halspackung, Gesichtswasser und Creme.
- Versorgen Sie Ihre Haut mit Fett und Feuchtigkeit, Ihrem Hauttyp entsprechend. Lassen Sie sich beraten.
- Verwenden Sie milde Seifen und lauwarmes Wasser. Versuchen Sie es auch einmal mit Milch oder Sahne.
- Stellen Sie einen Luftbefeuchter in Ihr Schlafzimmer. Feuchtigkeit wirkt positiv auf den Teint und die Schleimhäute, was Sie tiefer schlafen lässt.

Lebens-Tipps:

- Ernähren Sie sich vollwertig!
- Konsumieren Sie Genussmittel in Maßen.
- Reduzieren Sie Ihren Nikotinkonsum.
- Trainieren Sie Ihre Gesichtsmuskeln.
- Regelmäßig Augengymnastik.
- Vermeiden Sie negative Mimik (Stirnrunzeln, Nase rümpfen).
- Verwöhnen Sie Ihre Haut regelmäßig mit Massagen.
- Schlafen Sie ausreichend.
- Der BH sollte nicht zu eng sein.
- Tragen Sie Handschuhe bei Reinigungsarbeiten.
- Schützen Sie die Haut vor Sonne, Hitze, Wind, Kälte.
- Achten Sie auf eine gute Körperhaltung, das mindert Hals- und Kinnfalten.
- Beanspruchen Sie Ihre Muskeln regelmäßig.
- Aktivieren Sie Ihr Herz-Kreislauf-System, am besten durch Bewegung im Freien. Sie tanken dabei Sauerstoff, der Ihren Teint rosig erscheinen lässt, den Körper erfrischt und psychisch ausgleicht.
- Lernen Sie eine Entspannungstechnik oder nutzen Sie die TIPPS auf Seite 75 ff.

Für die natürliche Hautreinigung

Um Schmutz und andere Unreinheiten an die Hautoberfläche zu bringen, schneiden Sie 1 reife Tomate in Scheiben und reiben Sie damit Ihr Gesicht ab. Den Tomatensaft mindestens 5 Minuten einziehen lassen.

Maske zur Straffung

1 Eiweiß steif schlagen und auf Gesicht, Hals und Dekolletee auftragen. Nach 5 Minuten ist die Maske fest. Mit warmem Wasser ab- und mit kaltem Wasser nachspülen.

TIPP

Gehen Sie öfter barfuß, für ein natürliches Peeling am besten durch Sand. Bauen Sie sich einen »Sandstrand«. Füllen Sie dazu einen größeren, flachen Karton mit Sand. Gehen Sie darin auf der Stelle und bewegen Sie Ihre Füße und Zehen.

Gut geplant

Fit & schön in nur 10 Wochen

Oktober 2005
CHECK-UP
WALKING
Kino

Einsteigerplan – die 1. Woche

»Auch eine lange Reise beginnt mit dem ersten Schritt.« ***Laotse***

Den inneren Schweinehund überwinden

So, nun ist es an der Zeit, den ersten Schritt zu tun. Vielleicht haben Sie sich schon aus den einzelnen Kapiteln einiges für Sie Umsetzbares gemerkt oder sogar notiert. Jetzt geht es an die Umsetzung, indem Sie das tun, was Sie sich vorgenommen haben. Berufen Sie gleich eine Familienkonferenz ein und sprechen Sie über Ihr Vorhaben.

Jetzt kommt der schöne Teil: einkaufen! Legen Sie sich neben Lebensmittelvorräten Folgendes zu:

- Herzfrequenzmessgerät
- Walkingschuhe; im Fachgeschäft kann man durch eine kostenlose Laufbandanalyse einen auf Ihre individuellen Bedürfnisse abgestimmten Schuh finden – nutzen Sie das Angebot!
- Nordic-Walking-Stöcke; bitte erst nach dem Besuch eines Kurses kaufen, wegen der richtigen Länge
- Thera-Bänder (1 x rot, 1 x grün, 1 x blau)
- eventuell einen Staby-Bar und/oder Aero-Step.

1. Tag

- Vereinbaren Sie einen Termin beim Arzt für Ihren persönlichen Check-up.
- Erkundigen Sie sich nach einem Nordic-Walking-Kurs. Fragen Sie nach der Qualifikation des Kursleiters.
- Suchen Sie sich einen Trainingspartner, z. B. eine Freundin oder ein Familienmitglied.
- Misten Sie Ihren Kühlschrank und Ihre Vorratskammer aus. Alles, was einen zu hohen Zucker- und Fettgehalt hat, sollten Sie aus Ihrer unmittelbaren Umgebung verbannen. Auch Tütennahrung fliegt raus.
- Gehen Sie Vorräte einkaufen!
- Platzieren Sie an verschiedenen Aufenthaltsorten je 1 Wasserflasche.

2. Tag

Jetzt sollten Sie aktiv werden! Los geht's mit Walking, z. B. 30 Minuten vor der Arbeit oder in der Mittagspause. Haben Sie schon Ihre Flexis und Relaxis, etwa am Kühlschrank, positioniert?

3. Tag

Nehmen Sie sich das Büroübungsprogramm (S. 68 f.) mit zur Arbeit und probieren Sie nach zwei Stunden Arbeit die Übungen aus. Machen Sie in der Mittagspause einen Entspannungsspaziergang. Setzen Sie sich zwischendurch aufrecht auf eine Bank, schließen Sie die Augen und atmen Sie tief ein und aus.

4. Tag

Heute können Sie wieder walken. 30 Minuten reichen schon aus. Machen Sie einzelne Kräftigungs- und Dehnübungen zwischendurch.

TIPP

Lassen Sie sich durch Ihr Computer-Mailprogramm an Ihre fest eingeplanten Trainingstermine erinnern. Das lässt sich ganz einfach programmieren.

Montag	Dienstag	Mittwoch	Donnerstag	Freitag	Wochenende
Ausdauertraining, z. B. (Nordic) Walking, 30–45 Minuten			Ausdauertraining, z. B. (Nordic) Walking, 30–45 Minuten in der Mittagspause		Radtour mit der Familie oder Besuch im Schwimmbad (schwimmen Sie ein paar Bahnen ohne Pause.)
	Alle 2 Stunden Mini-Workout! 1 Glas Wasser dazu trinken.	Kräftigen Sie Ihre Muskeln zu Hause. Sie können schon vor der Arbeit beginnen.		Alle 2 Stunden Mini-Workout! 1 Glas Wasser dazu trinken.	Kräftigen Sie Ihre Muskeln zu Hause.
		Heute schon gedehnt? Das geht auch am Arbeitsplatz.		Dehnen Sie Ihre Muskeln von Kopf bis Fuß, bevor Sie ins Bett gehen!	
	Verbessern Sie Ihre Koordination, wo immer Sie stehen und gehen.		Verbessern Sie Ihre Koordination, wo immer Sie stehen und gehen.		
Alle 2 Stunden entspannen! 1 Glas Wasser dazu trinken.		Verwöhnen Sie Ihre Füße!	Alle 2 Stunden entspannen! 1 Glas Wasser dazu trinken.		»Zeit für mich« Gönnen Sie sich ein umfangreiches Verwöhnprogramm.
	Benutzen Sie heute keinen Aufzug und keine Rolltreppe.			Benutzen Sie heute keinen Aufzug und keine Rolltreppe.	Machen Sie einen ausgedehnten Sonntagsspaziergang. Tanken Sie Energie!
Denken Sie an den Beckenboden! Stehend im Aufzug, sitzend am Arbeitsplatz, beim Zähneputzen oder in Kombination mit den Kräftigungsübungen. Man kann ihn immer trainieren.					

5. Tag

Nutzen Sie heute die Treppe als Trainingsgerät.

6. und 7. Tag

Am Wochenende können Sie planen, wie es weitergehen soll. Entwerfen Sie Ihre 2. Woche. Denken Sie an langsame Steigerung Ihrer Aktivitäten, z. B. statt 30 Minuten Walken 40 Minuten durchhalten. Gestalten Sie auch Samstag und Sonntag aktiv: eine Radtour mit der Familie machen, zum Bowling gehen, einen Verdauungsspaziergang nach dem Sonntagsessen oder das Badevergnügen mit 20 Minuten Dauerschwimmen.

Verfahren Sie die nächsten 10 Wochen nach diesem Prinzip. Steigern Sie langsam die Belastungszeit und variieren Sie stetig die Aktivitäten, so überlasten Sie sich nicht, Ihr Körper verbessert sich und es wird nicht langweilig.

Folgeplan – die nächsten Wochen

»Lernen ist wie rudern gegen den Strom. Wenn man aufhört, treibt man zurück.« ***Benjamin Franklin***

Warum fällt man so schnell wieder in seine alten Gewohnheiten zurück? Es hat doch gut funktioniert. Sie fühlten sich wohl. Sie haben ein paar Kilogramm abgenommen. Und jetzt? Lacht der Schweinebraten, die Chipstüte oder das Stück Sahnetorte? Kein Problem, solange es nicht wieder zur Gewohnheit wird, jeden Tag zwei Stück von der Lieblingstorte zu verdrücken.
Behalten Sie es bei, eine vorgefertigte Einkaufsliste mit den »guten« Nahrungsmitteln jeweils aktuell mit fehlenden Sachen zu ergänzen. Wenn Sie dieses Ritual lange genug durchgeführt haben, dann ist es automatisiert. Aber kontrollieren Sie Ihren Einkaufswagen nochmal, bevor Sie an die Kasse gehen.

Eine Regel beim Tauchen heißt: »Never dive alone!« Tauche niemals allein. Aus »Sicherheitsgründen« sollten Sie mindestens einmal pro Woche eine Verabredung zum Training haben. Dann finden Sie schwerer Ausreden, sich vor dem Training zu drücken. Wenn Sie Ihr Trainingspartner aber ständig versetzt oder selbst mit Motivationsproblemen zu kämpfen hat, dann sollten Sie sich nach einem zuverlässigeren Buddy umsehen.

Genauso ist es mit der Leistungs- und Lernfähigkeit des Körpers. Also, bieten Sie Ihrem Körper regelmäßig etwas Neues und Sie werden bis ins hohe Alter vital und geistig fit bleiben.

Finden Sie Ihr Training langweilig?

Dann sollten Sie auf jeden Fall etwas verändern. Suchen Sie sich eine neue Herausforderung. Probieren Sie immer mal etwas Neues aus:

- Variieren Sie Ihre Ausdaueraktivitäten. Warum nicht einmal eine intensivere Trainingseinheit nach dem Intervallprinzip oder ein Crosstraining?
- Variieren Sie Ihre Kraftübungen in regelmäßigen Abständen: Übung langsamer oder schneller ausführen. Probieren Sie verschiedene Übungen für eine Muskelgruppe. Kombinieren Sie Bein- und Armübungen. Führen Sie Ganzkörperübungen durch.

Manchmal haben auch Werbeunterbrechungen im Fernsehprogramm ihr Gutes: Nach einer bestimmten Trainingsphase können Sie in den Werbepausen Ihre »intensiven« Minuten durchführen. Immer wenn die Werbeunterbrechung kommt, steigern Sie Ihre Herzfrequenz um 15 bis 20 Schläge, z. B. durch Marschieren am Platz oder um den Sessel, tanzen, hüpfen, Kniebeugen, Triceps-Dips, Knieheben für den Bauch usw. Ich hoffe für Sie, dass es nicht zu viele Pausen sind. Dann macht Training glücklich und der Fernsehabend wird zu einem besonderen Erlebnis!

Montag	Dienstag	Mittwoch	Donnerstag	Freitag	Wochenende
Ausdauertraining, z. B. Nordic Walking, 60–90 Minuten		Ausdauertraining, z. B. Crosstrainer im Studio oder Outdoor, 60–90 Minuten	Wie wäre es mit einem Spaziergang in der Mittagspause?		Ausdauertraining! Wie wäre es mal mit einer Wanderung? Probieren Sie doch mal ein Crosstraining oder die Intervalltrainingsform.
Alle 2 Stunden Mini-Workout!	Kräftigen Sie Ihre Muskeln zu Hause. Denken Sie an den Beckenboden!	Alle 2 Stunden Mini-Workout!	Kräftigen Sie Ihre Muskeln zu Hause. Denken Sie an den Beckenboden!	Alle 2 Stunden Mini-Workout!	Kräftigen Sie Ihre Muskeln zu Hause.
Dehnen Sie Ihre Muskeln von Kopf bis Fuß, bevor Sie ins Bett gehen!		Heute schon gedehnt? Das geht auch am Arbeitsplatz.		Dehnen Sie Ihre Muskeln von Kopf bis Fuß, bevor Sie ins Bett gehen!	
	Verbessern Sie Ihre Koordination, wo immer Sie stehen und gehen.		Verbessern Sie Ihre Koordination, wo immer Sie stehen und gehen.		Ballspiele mit Kindern, balancieren Sie auf Randsteinen, kochen Sie im Einbeinstand!
Hand- oder Fuß-massage am Abend	Entspannen Sie in der Mittagspause!	Fußbad am Abend	Alle 2 Stunden kurz entspannen!	Hand- oder Fuß-massage am Abend	»Zeit für mich«
Gönnen Sie sich ein umfangreiches Verwöhnprogramm.					
Benutzen Sie heute keinen Aufzug und keine Rolltreppe.		Benutzen Sie heute keinen Aufzug und keine Rolltreppe.		Benutzen Sie heute keinen Aufzug und keine Rolltreppe.	

Keine Zeit für längere Trainingseinheiten?

Selbst dann können Sie in Form kommen. Setzen Sie sich wenigstens zum Ziel, jeden Tag ein Kurzprogramm durchzuführen.

Zum Beispiel

Montag: Arme & Brust
Dienstag: Rücken
Mittwoch: Bauch
Donnerstag: Beine & Po
Freitag: Beckenboden
Samstag: Koordination
Sonntag: Beweglichkeit & Entspannung

Oder jeden Morgen 5 Minuten im Bett trainieren und jeden Abend vor dem Einschlafen ein paar Kräftigungs-, Dehnungs- oder Entspannungsübungen ausführen. Vielleicht schaffen Sie es ja auch, jeden Abend einmal um den Block zu gehen?

Register

Literatur

Czichoschewski/Mießner/Schmauderer: Perfect Bodystyling. BLV, München 2004

Hall, Joanna: Get fit! Feel good! BLV, München 2004

Höfler, Heike: Training für den Beckenboden. BLV, München 2005

Mießner, Wolfgang.: Perfect Hometraining. BLV, München 2005

Mommert-Jauch, P./Regelin, P.: Nordic Walking. Programme für Frauen. BLV, München 2005

Moriabadi, U. & R.: Gut in Form – Muskeltraining für Frauen. BLV, München 2005

Moriabadi, U. & R.: Lazy Fitness. BLV, München 2004

Moriababdi, Uschi: Pilates – Das Übungbuch. BLV, München 2004

Witt, U./Noh, B.: Yoga – Das Übungbuch. BLV, München 2004

Hinweis

Alle Produkte erhältlich über: www.conceptfitness.de
Direkten Kontakt zur Autorin unter: info@conceptfitness.de

Dank

Besonderer Dank gilt meinem Mann für die Unterstützung und Aufmunterung, auch wenn die Betreuung unserer beiden Kinder ihn manchmal aus der Fassung gebracht hat.
Der Lektorin, Annette Rose, die es nicht immer einfach hatte, und der PUMA AG für die Ausstattung des Models mit Produkten der NUALA Linie.

Bibliographische Information der Deutschen Bibliothek

Die Deutsche Bibliothek verzeichnet diese Publikation in der Deutschen Nationalbibliographie; detaillierte bibliographische Daten sind im Internet über http://dnb.ddb.de abrufbar.

BLV Buchverlag GmbH & Co. KG
80797 München

Bildnachweis:
Alle Fotos Michael Reusse, außer:
Besendorfer, Eva: S. 23, 29, 94; Panthermedia/Niels: S. 84

Grafiken: Sandra Menke, Osnabrück

Umschlaggestaltung: Sabine Fuchs, fuchs_design, Ottobrunn
Umschlagfotos:
Vorderseite: links oben und unten: Sammy Hart; rechts: Strandperle; Rückseite: Strandperle

Lektorat: Annette Rose, Dr. Christiane Lentz
Herstellung: Ruth Bost
Layoutkonzept Innenteil: fuchs_design, Ottobrunn
Layout und Satz: Uhl + Massopust, Aalen

Gedruckt auf chlorfrei gebleichtem Papier

Printed in Germany
ISBN-10: 3-8354-0008-8
ISBN-13: 978-3-8354-0008-5

Hinweis

Das vorliegende Buch wurde sorgfältig erarbeitet. Dennoch erfolgen alle Angaben ohne Gewähr. Weder Autorin noch Verlag können für eventuelle Nachteile oder Schäden, die aus den im Buch vorgestellten Informationen resultieren, eine Haftung übernehmen.

Für Fitness und Gesundheit

Joanna Hall
Get fit! Feel good!
Gesundheit und Wohlbefinden für Körper, Geist und Seele: effektive Übungen für jeden Fitness-Level und Tipps für mehr Bewegung im Alltag; mit Rezepten für Menüs und Snacks.
ISBN 3-405-16656-X

Nicolaus Klein
Meditation – Das Praxisbuch
Entspannt und gelassen den Alltag meistern: Grundlagen und Wirkung auf Körper, Geist, Psyche und Gesundheit; Meditation im Sitzen, Stehen, Liegen und in Bewegung (Yoga, Tai Chi, Qi Gong, Tanz); mit CD zum Üben: 4 geführte Meditationen.
ISBN 3-405-16934-8

Dr. Antje Materna / Rimbert Westerkamp
Rücken – fit und schmerzfrei!
Medizinische Grundlagen; Trainingsprogramme zum Dehnen, Mobilisieren, Kräftigen und Entspannen; mit speziellen Übungen für Kinder, Senioren und Schwangere, fürs Büro und bei chronischen Beschwerden.
ISBN 3-405-16494-X

Uschi und Ronny Moriabadi
Mollig fit
Wenig Aufwand – viel Vergnügen: das Wohlfühl-Programm für starke Frauen; den Körper straffen und formen, Kraft und Ausdauer trainieren, Problemzonen beseitigen, Pilates, Mentalprogramme, Wellness, Ernährungstipps.
ISBN 3-405-16904-6

Heike Höfler
Training für den Beckenboden
Das starke Lebensgefühl – mehr Energie aus der Körpermitte: einfache Übungen zur Stärkung der Beckenbodenmuskulatur, gezieltes Training bei gesundheitlichen Problemen; Wirkung auf Körper, Psyche und Selbstbewusstsein.
ISBN 3-405-16787-6

Samantha Murphy
Lauf-Guide speziell für Frauen
Laufen für die Gesundheit, als Heraus-forderung, zum Spaß, für die Fitness, zum Ausgleich, zum Abnehmen, gegen den Stress.
ISBN 3-405-16716-7

Siegbert Engel
Qi Gong – Das Übungsbuch
Mehr Ruhe und Kraft für jeden Tag: Geschichte des Qi Gong, Grundlagen, Übungen für Atmung, Haltung, Bewegung, Entspannung,Selbstmassage.
ISBN 3-405-16788-4

Uschi Moriabadi
Pilates – Das Übungsbuch
Ausgewählte Übungen für den Rücken, das Training am Morgen und am Abend, für Einsteiger und für Fortgeschrittene.
ISBN 3-405-16731-0

Im BLV Buchverlag finden Sie Bücher zu den Themen: Garten und Zimmerpflanzen • Natur • Heimtiere • Jagd und Angeln • Pferde und Reiten • Sport und Fitness • Wandern und Alpinismus • Essen und Trinken

blv

Ausführliche Informationen erhalten Sie bei:
BLV Buchverlag GmbH & Co. KG
Postfach 40 02 20 • 80702 München
Telefon 089 / 12705-0 • Fax -543 • www.blv.de